Katja Schlottke
Ein Feuerwerk der Seele und die Magie des Lebens

Willkommen liebe Leserinnen und Leser!

Eine Reise, die alles verändert…

Manchmal ist es nicht der Weg, den wir suchen – sondern der, der uns findet.

Vier Wochen Indien. Vier Wochen voller Fragen, Antworten und Momente, die mehr in Bewegung setzt als nur den Körper. Mitten in der Hitze, im Regen, zwischen heiligen Zeremonien und verrückten Taxifahrten begann eine Reise, die mich an meine Grenzen und darüber hinausführte.

Meditation, Kundalini, Chakrenarbeit – Worte, die vorher nach Spiritualität klangen, wurden zur gelebten Realität. Ich spürte Energien, die ich nicht für möglich hielt. Stellte mich vor Herausforderungen, die mich an mir selbst zweifeln ließen und erlebte, was es wirklich bedeutet, Mut zu haben.

Zwischen magischen Begegnungen, skurrilen Prüfungen und tiefgreifenden Erkenntnissen führte mich diese Reise nicht nur durch das Herz Indiens – sondern direkt in mein eigenes.

Dieses Buch ist mehr als eine Reiseerzählung. Es ist eine Einladung, sich selbst zu entdecken, Altes loszulassen und dem inneren Ruf zu folgen – egal, wie verrückt er sich anhört. Denn das Leben macht keine Fehler.

Impressum
© 2. Auflage 2025 Katja Schlottke
www.katja-schlottke.de
Verlag: BoD · Books on Demand GmbH, Überseering 33,
22297 Hamburg, bod@bod.de
Druck: Libri Plureos GmbH, Friedensallee 273, 22763 Hamburg
ISBN: 978-3-7693-1412-0

Einleitung

Vorwort und Inspiration für die Reise

Als ich 2018 die stille Stärke und Weisheit der Shaolin-
Mönche in China erlebte, ahnte ich nicht, dass dies nur der
Anfang einer weiteren tiefgreifenden Reise sein würde. Diese
Reise hatte sich schon in meinen jüngeren Jahren in meinem
Herzen verankert – ein Traum von drei besonderen Reisen,
die mich stets faszinierten.

Die Jahre darauf waren weltweit von Veränderungen und
Unsicherheiten geprägt und irgendwann begann ich zu
glauben, dass meine anderen zwei Traumreisen vielleicht
unerfüllte Wünsche bleiben würden, auch wenn dieses
Denken gar nicht meinem Typ entspricht.

Doch wie das Schicksal es wollte, fand mich eine dieser
Reisen wieder – an einem gewöhnlichen Abend, während ich
am Computer arbeitete.

Die Nachricht von einer möglichen Reise nach Indien, inmitten
dieser drei ungewöhnlichen Jahre, schien zunächst wie ein
ferner Traum. In stiller Meditation suchte ich nach Antworten,
spürte in mein Inneres hinein und konnte es kaum fassen: Die
Reise, die ich einst erträumt hatte, war plötzlich greifbar nah.
Ich kehrte an meinen Computer zurück und buchte, noch in
der Nacht, voller Staunen und mit einem Herzen voller
Vorfreude auf diese Reise.

Vorbereitung auf die Reise

Die Entscheidung, nach Indien zu reisen

Die Herausforderungen des Visum-Prozesses

Englisch lernen: Humorvolle Vorbereitungen

Die Nacht vor der Abreise: Emotionale Reflexionen

Am nächsten Morgen, beim Frühstück, teilte ich die Neuigkeiten mit meinem Mann. Seine Reaktion war ebenso überraschend wie herzerwärmend – er wollte mitkommen. Angesichts seiner bisherigen Distanz zu Themen wie Meditation und Spiritualität blickte ich ihn ungläubig an. Doch dann verstand ich: Nach seiner ersten Besorgnis erkannte er, dass ich, genau wie bei meiner Reise nach China, keine Angst verspürte. Im Gegenteil, ich sprühte vor Begeisterung und Entschlossenheit.

Dieses Buch ist eine Chronik dieser unglaublichen Reise, ein Zeugnis der inneren und äußeren Pfade, die wir beschreiten können, wenn wir unserem Herzen folgen. Es ist eine Einladung, mit mir zu reisen, durch die Seiten dieses Buches, durch die Geheimnisse Indiens und vielleicht auch ein Stück weit in das eigene Innere.

Willkommen zu einer Reise, die mehr als nur eine physische Reise ist – es ist eine Reise der Seele, des Erwachens und der tiefen Verbindung.

Nun, die Entscheidung war gefallen, die Reise gebucht – aber damit begann erst das eigentliche Abenteuer. Zunächst stand das Visum an und ich sage Dir, das war eine Herausforderung für sich. Es war, als würde man versuchen, das richtige Gewürz in einem indischen Basar zu finden – verwirrend, exotisch und irgendwie aufregend.

Die Auswahl des richtigen Visums glich einer Schatzsuche ohne Karte. Als dann endlich das Passende gefunden war, stellte sich heraus, dass die Technik nicht mitspielen wollte. Webseiten stürzten ab, Formulare waren rätselhaft und dann kam die Frage nach Daten aus meiner Ahnenlinie. Meine Tante, die Familienhistorikerin, bekam einen überraschenden Anruf: „Kannst du mir bitte unsere gesamte Familiengeschichte der letzten fünf Generationen durchgeben? Ich brauche das für ein indisches Visum!" Sie war ganz verwirrt und ich spürte am Telefon, wie sie ihre Augen verdrehte. Wir stehen uns sehr nahe und sie sagte nur: "Na Du wieder"...

Aber warte, es wird noch besser. Die Aufregung stieg, als mir bewusst wurde, dass die gesamte Schule, die ich besuchen würde, ausschließlich auf Englisch unterrichtete. Mein Englisch? Naja, sagen wir mal, es reichte bisher, um im Urlaub nicht zu verdursten und fröhlich kleine Bestellungen aufzugeben. Aber jetzt sollte ich vier Wochen lang einem Unterricht auf Englisch folgen.

Ich stellte mir vor, wie ich dort sitze, nickend und lächelnd, während ich kein einziges Wort verstand.

In einem Anfall von Panik lud ich eine Sprachlern-App herunter. Jeden Abend saß ich da, Kopfhörer auf und übte fleißig. „Where is the library?" – Nicht, dass ich das in einem indischen Ashram jemals fragen würde, aber man weiß ja nie. Mein Mann sah mich manchmal besorgt an, wenn ich im Schlaf „Can I have a cup of tea, please?" murmelte.

Das Sammeln von Streiks und Punkten in der App wurde zu einem kleinen Wettkampf mit mir selbst. Ich wollte keinen Tag verpassen, keinen Haken ungesetzt lassen. Manchmal erinnerte ich mich erst spät in der Nacht daran, dass ich noch nicht geübt hatte. Dann sprang ich, halb im Schlaf aus dem Bett, nur um sicherzustellen, dass ich meinen täglichen Fortschritt nicht unterbrach. „Just one more lesson", murmelte ich, während ich müde auf dem Bildschirm tippte.

Es war eine Mischung aus Ehrgeiz und dem leicht komischen Bild, das ich abgab, wenn ich mitten in der Nacht englische Sätze vor mich hin murmelte. Aber ich hoffte, dass jede Minute des Übens mich meiner Reise und dem Verstehen der Kultur, die ich so sehr erleben wollte, ein Stück näherbrachte.

Am Tag vor der Abreise gönnte ich mir ein besonderes Frühstück mit Champagner – ein Moment der Feier, aber auch der Reflexion. Während ich da saß, umgeben von den vertrauten Klängen unseres Zuhauses, begannen unerwartet Tränen meine Wangen hinunterzulaufen.

Es waren Tränen gemischter Gefühle – Aufregung, Nostalgie, vielleicht auch ein Hauch von Angst.

Mein Mann sah mich an, seine Augen voller Verständnis und sagte dann etwas, das meine Welt für einen Moment ins Wanken brachte: „Ich könnte dich jetzt hier gebrauchen, die letzten drei Jahre waren so herausfordernd." Seine Worte hallten in mir nach, schwer und bedeutsam. In meinem Kopf begann ein Sturm aus Zweifeln und Fragen zu toben. Hätte er das nicht früher sagen können? War meine Entscheidung, zu gehen, richtig?

Ich saß da, mein Blick auf den perlierenden Champagner gerichtet und mein Geist reiste zurück zu meiner Zeit in China. Ich erinnerte mich, wie ich damals vor ähnlichen Fragen stand, wie ich über meinen eigenen Schatten sprang und wie diese Reise mich verändert hatte. Es war ein Moment der Klarheit inmitten der Wirbelstürme des Zweifels.

„Es ist richtig", flüsterte ich mir zu. „Das hier ist mein Weg." Ich wusste, dass jede Entscheidung ihre eigenen Herausforderungen mit sich bringt, aber auch, dass das Wachstum, das jenseits der Komfortzone liegt, unersetzlich ist. China hatte mir gezeigt, wie stark ich sein kann und nun war Indien der nächste Schritt auf dieser unvorhersehbaren, aber bereichernden Reise des Lebens.

Ich trocknete meine Tränen, nahm einen tiefen Atemzug und lächelte meinem Mann zu. „Ich werde stark sein, für uns beide", sagte ich, „und ich werde mit so vielen Geschichten zurückkommen, dass es sich anfühlen wird, als wärst du bei jedem Schritt dabei gewesen."

Das Packen des Koffers war an diesem Tag eine Herausforderung, die mir schwerer fiel als erwartet. Ich fühlte mich wie ferngesteuert, nicht ganz bei mir. Meine Gedanken wirbelten chaotisch umher: Was soll ich einpacken? Wie strukturiere ich alles? Obwohl ich zwei Gepäckstücke à 23 kg mitnehmen durfte, wollte ich keinesfalls mit zwei Koffern reisen. Ich wollte frei und unbeschwert reisen, doch angesichts der leeren Koffer fühlte ich mich alles andere als leicht. Mein Kopf war wie vernebelt und ich musste immer wieder Pausen auf der Couch einlegen, überwältigt von einer unerklärlichen Müdigkeit.

Als der Abend kam und ich mich zum Online-Check-in setzte, geschah das Unerwartete. Beim Überprüfen meines Visums bemerkte ich, dass dort andere Daten standen.

Ein Schock – hatte ich doch alles so sorgfältig kontrolliert, als das Visum ankam. Mein Puls beschleunigte sich, meine Hände wurden feucht vor Nervosität. „Nein, bitte nicht jetzt, so kurz vor der Abreise", dachte ich verzweifelt. Mein Herz raste, während ich die Papiere immer und immer wieder durchging. Hatte ich einen Fehler übersehen? Warum war mir das nicht früher aufgefallen?

Mit zittrigen Händen wählte ich die Nummer des Visum Notdienstes. Am Telefon dann der nächste Stolperstein: alles auf Englisch. In diesem Moment war ich dankbar, dass mein Mann an meiner Seite war, unterstützend und beruhigend. Doch der Herr am anderen Ende des Telefons konnte mir nicht sofort helfen und vertröstete mich auf den nächsten Morgen.

Die Nacht war lang und unruhig. Jedes Mal, wenn ich die Augen schloss, tauchten Bilder des möglichen Visum-Problems auf, vermischt mit der Aufregung und den Erwartungen an die Reise. Schlaf war kaum möglich; die Stunden zogen sich hin, gefüllt mit Sorgen und ungeduldigem Warten auf den nächsten Morgen.

Die Anreise nach Indien

Der Flug: Von Aufregung zu Erschöpfung

Ankunft in Delhi: Erste Eindrücke

Die Taxifahrt nach Rishikesh: Ein Abenteuer für sich

Der Morgen meiner Abreise brach an, ein Tag, der sowohl mit Vorfreude als auch mit einer Spur Unruhe angefüllt war. Ich erledigte in aller Frühe noch die letzten wichtigen Dinge – immerhin würde ich vier Wochen lang weg sein. Dann machte ich mich auf den Weg nach Berlin, genau wie bei meiner Reise nach China. Diesmal jedoch zum neuen Flughafen, über den man scherzhaft sagen könnte, dass er nach all den Baujahren kaum noch „neu" zu nennen ist.

Auf der Fahrt dorthin führten wir, mein Mann und ich, drei wichtige Gespräche. In meiner Welt ist alles so einfach: Kommunizieren, das Ziel visualisieren und dann handeln. Denn „Tun", rückwärts gelesen, heißt ja „nicht unnütz trödeln". Doch trotz dieser klaren Philosophie schlich sich hin und wieder ein kleines schlechtes Gewissen ein. Es war, als ob ich einen inneren Konflikt zwischen der Aufregung für das Kommende und dem Bedauern über das Zurückgelassene durchlebte.

Tief in mir spürte ich jedoch, dass diese Reise etwas Besonderes für mich bereithielt, dass sie von großer Bedeutung sein würde.

Am Flughafen nahmen wir uns noch einen kurzen Moment für eine kleine Mahlzeit, einen Moment der Ruhe und Verbundenheit, bevor die Hektik des Reisens wieder einsetzte.

Dann kam der Zeitpunkt des Abschieds. Nachdem ich meinen Mann umarmte und ihm ein letztes Lächeln zugeworfen hatte, ging ich durch den Sicherheitscheck. Nun begann meine Reise, mein eigenes Abenteuer. Ich schritt durch die Gänge des Flughafens, mein Herz klopfte vor Aufregung und ein Hauch von Wehmut lag in der Luft. Ich war allein, allein auf mich gestellt, bereit, mich den neuen Erfahrungen und Herausforderungen zu stellen, die vor mir lagen.
Als ich durch den Sicherheitscheck am Flughafen ging, bemerkten die Damen dort die Tränen in meinen Augen. Mit einfühlsamen Worten und einem freundlichen Lächeln gaben sie mir das Gefühl, verstanden zu werden. Es war eine kleine, aber bedeutsame Geste, die mir Trost spendete in einem Moment, in dem ich mich gleichzeitig aufgeregt und verletzlich fühlte.

Der Flug nach Frankfurt war ein Echo meiner früheren Reise, ein Déjà-vu, das mich sowohl ermüdete als auch in freudige Spannung versetzte. Ich war erschöpft, aber die aufkeimende Aufregung ließ mich kaum zur Ruhe kommen.

Der Gedanke an das, was vor mir lag, hielt mich wach, ließ meine Gedanken kreisen.

Von Frankfurt nach Neu-Delhi fühlte sich die Atmosphäre im Flugzeug irgendwie unruhig an. Energetisch war es nicht ganz stimmig und ich spürte eine gewisse Anspannung in der Luft. Ich versuchte immer wieder, ein wenig Schlaf zu finden, mich in meinem Sitz zu verkriechen und für einen Moment die Welt um mich herum zu vergessen. Doch der Schlaf kam nur sporadisch, durchsetzt von halbwachen Momenten, in denen ich die Unruhe um mich herum wahrnahm.

Als das Frühstück serviert wurde, war es nicht wirklich nach meinem Geschmack. Aber das war in diesem Moment nebensächlich. Ich spürte, wie der Flug seinem Ende entgegensteuerte und wie Indien, mein Ziel, immer näher rückte. Bald würde ich dort sein, bereit in eine neue Welt einzutauchen, voller unbekannter Erfahrungen und Erlebnisse, die nur darauf warteten, entdeckt zu werden.

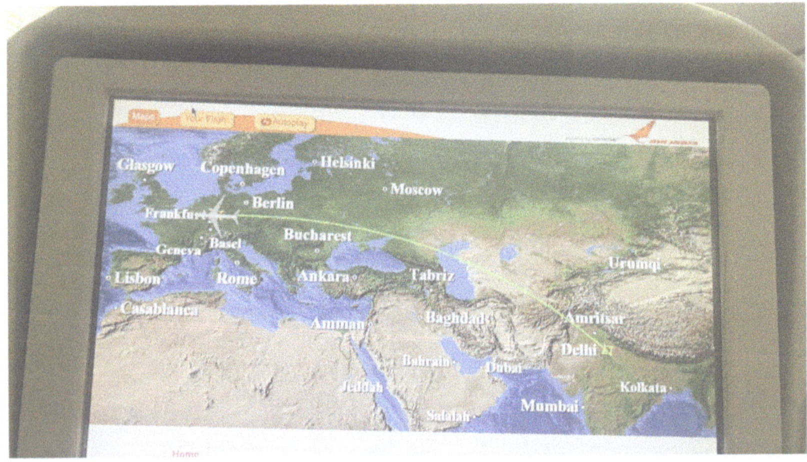

Nach einem langen und ereignisreichen Flug landete ich endlich in Delhi. Die Erschöpfung und Aufregung mischten sich zu einem wirbelnden Cocktail der Gefühle, als ich das Flugzeug verließ. Bei der Passkontrolle stellte ich fest, dass ich den Einreisezettel nicht bei mir hatte – ein Detail, das mir in meinem schlafähnlichen Zustand während des Fluges entgangen war. So begann meine erste echte Herausforderung mit der englischen Sprache, eine Erfahrung, die gleichermaßen beängstigend wie aufregend war.

Erste Erfahrungen in Indien
Begegnungen am Straßenrand
Die Herausforderung des Essens in einem lokalen Restaurant
Die Fahrt durch das indische Verkehrschaos.

Ich navigierte mich durch die Passkontrolle mit einigen stotternden englischen Sätzen und einem Anflug von Nervosität. Zu meiner Erleichterung fand ich meinen Koffer schnell; er stand schon einsam auf dem Gepäckband, als hätte er nur auf mich gewartet. Kaum hatte ich mein Handy eingeschaltet, begann es zu klingeln und vibrieren – Nachrichten von meinem Fahrer, den ich über die Schule gebucht hatte. Ich war dankbar für diese Vorbereitung, denn die Vorstellung, weitere fünf Stunden am Flughafen zu warten, um dann nach Rishikesh zu fliegen, war wenig verlockend.

Nach einigen Nachrichten und einem kurzen Telefonat fanden wir uns schließlich. Die Erleichterung war mir ins Gesicht geschrieben, als ich meinen Fahrer traf. Endlich konnte ich die letzte Etappe meiner Reise nach Rishikesh antreten. Ich ließ die Hektik des Flughafens hinter mir und bereitete mich darauf vor, in das Herz Indiens einzutauchen, in eine Welt voller neuer Gerüche, Farben und Geräusche.

Die Hitze in Delhi empfing mich wie eine drückende, fast greifbare Wand, als ich den Flughafen verließ. Es war eine Wärme, die sich sofort auf meiner Haut niederließ und mich in eine Schweißschicht hüllte. Mein Fahrer, ein Mann von knapper Statur aber überraschender Stärke, hievte meinen Koffer mit einer bemerkenswerten Leichtigkeit auf das Dach des Taxis. Ich beobachtete, wie er das Gepäckstück mit Seilen festzurrte – eine Prozedur, die auf mich eher improvisiert als sicher wirkte.

Ich nahm auf der Rückbank Platz, in einem Auto, das von außen unscheinbar erschien. Kaum hatte ich mich angeschnallt – ein Sicherheitsgurt, der mehr symbolischer Natur zu sein schien, setzte sich das Fahrzeug mit einem Ruck in Bewegung.

Die Fahrt von Delhi nach Rishikesh sollte sich als ein ganz eigenes Abenteuer herausstellen. Eines, das ich so schnell nicht vergessen würde.

Foreign Passport/e-Visa 48
Foreign Passport/e-Visa 50
Foreign Passport/e-Visa 52
Foreign Passport/e-Visa 54
PUNJ साहिब

In meiner Vorstellung hatte ich mir eine ruhige Fahrt erhofft, vielleicht sogar mit der Möglichkeit, die verlorene Ruhe des Fluges nachzuholen. Doch die Realität übertraf meine kühnsten Erwartungen.

Von dem Moment an, als wir Delhi verließen, tauchte ich in eine Welt ein, die so fremd und aufregend war, dass an Schlaf nicht zu denken war. Das Verkehrsgeschehen war ein pulsierendes, chaotisches Ballett aus Hupen, waghalsigen Überholmanövern und einem unermüdlichen Strom von Fahrzeugen, die sich wie Wasser um Hindernisse herum und ineinander verwoben bewegten. Dieses war eine Fahrt, die jede Vorstellung von Verkehrsregeln und Straßenordnung, die ich hatte, auf den Kopf stellte. Es war, als hätte jemand die Regeln eines ordentlichen Straßenverkehrs genommen und sie in einen Mixer geworfen. Das ständige Hupen, das Gewirr der Stimmen und Motoren, all das bildete eine Kakophonie, die mich gleichermaßen erschreckte und faszinierte. Während der Fahrt hielt mein Fahrer plötzlich am Straßenrand an und kaufte mir eine Flasche Wasser.

Trotz der wirbelnden Gefühle und der hektischen Fahrt empfand ich diese Geste als außerordentlich aufmerksam und dankbar nahm ich die kühle Flasche entgegen.

Später schlug er vor, in einem Restaurant zu halten, um eine Pause zu machen. Doch mein Magen war durch die aufregende Fahrt zu sehr in Aufruhr und der Gedanke an Essen war mir fern. Ich hielt mich fest an meinem Sitz, bemüht, inmitten des Chaos einen Anker der Ruhe zu finden.

Trotz meines Unwohlseins hielt der Fahrer schließlich an einem einheimischen Restaurant an und ich folgte ihm eher aus Höflichkeit als aus Hunger.

Im Restaurant setzte ich mich allein an einen Tisch, während der Fahrer sich zu Bekannten gesellte. Sie aßen und unterhielten sich lebhaft und ich bemerkte, wie ihre Blicke immer wieder zu mir herüberwanderten. Inmitten dieser fremden Umgebung fühlte ich mich zunehmend unwohl und verloren.

Ich war umgeben von Gesprächen, deren Inhalt ich nicht
verstehen konnte und von Gerüchen, die mir fremd waren.

Als es an der Zeit war zu gehen, wurde mir die Rechnung für
das Wasser präsentiert. Zu meinem Erstaunen stellte ich fest,
dass ich nicht bezahlen konnte – sie akzeptierten keine Dollar
und ich hatte es versäumt, am Flughafen Geld in Indische
Rupien zu wechseln. Dies war ein Moment der Hilflosigkeit
und ein weiterer Hinweis darauf, dass ich mich in einer völlig
neuen Welt befand, in der selbst die einfachsten Dinge nicht
so funktionierten, wie ich es gewohnt war.

Dieser kleine Zwischenfall im Restaurant war eine weitere
Lektion in dieser neuen und unbekannten Welt, ein Hinweis
darauf, dass ich auf dieser Reise noch viel zu lernen und zu
erleben hatte. Die Weiterfahrt nach Rishikesh war ein Erlebnis,
das sich jeder Beschreibung entzieht und doch versuche ich
es. Wenn ich an die Fahrten denke, die ich in meinem Leben
bereits unternommen habe, dann war diese hier ohne Zweifel
in einer eigenen Liga. Es war ein Mix aus einem Wildwestfilm
und einer Achterbahnfahrt – nur, dass die Achterbahn auf
indischen Straßen unterwegs war. Manchmal dachte ich mir:
„Ich komme im Leben nicht an", während wir uns durch den
scheinbar endlosen Strom von Autos, Tuk-Tuks, Kühen (ja,
Kühen!) und was nicht alles noch auf indischen Straßen
tummelt, schlängelten.

Ich war völlig erschöpft, die schlaflose Nacht vor der Abreise hatte ihre Spuren hinterlassen und die absurde Erleichterung, die ich am Morgen verspürt hatte, als der Visa-Notdienst mir sagte, dass alles in Ordnung sei, schien jetzt fast wie ein ferner Traum.

Zwischendurch, in Momenten, in denen das Taxi gefühlt nur um Haaresbreite einem anderen Fahrzeug oder einem überraschend auftauchenden Hindernis auswich, ertappte ich mich bei dem Gedanken: „Vielleicht wäre es gar nicht so schlecht gewesen, wenn das Visum doch nicht gültig wäre." Natürlich war das nicht ernst gemeint, aber in diesen Augenblicken schien mir das Chaos auf der Straße fast bedrohlicher als die Aussicht, meine Reise gar nicht erst anzutreten.

Es war eine Fahrt der Extreme – von Momenten des schallenden Lachens, wenn ich die Absurdität der Situation erkannte, bis hin zu Sekunden des stillen Staunens über die unglaubliche Fähigkeit meines Fahrers, uns sicher durch dieses verkehrstechnische Tohuwabohu zu navigieren. Als wir schließlich unser Ziel erreichten, fühlte ich mich, als hätte ich nicht nur eine räumliche, sondern auch eine emotionale Marathonstrecke hinter mir.

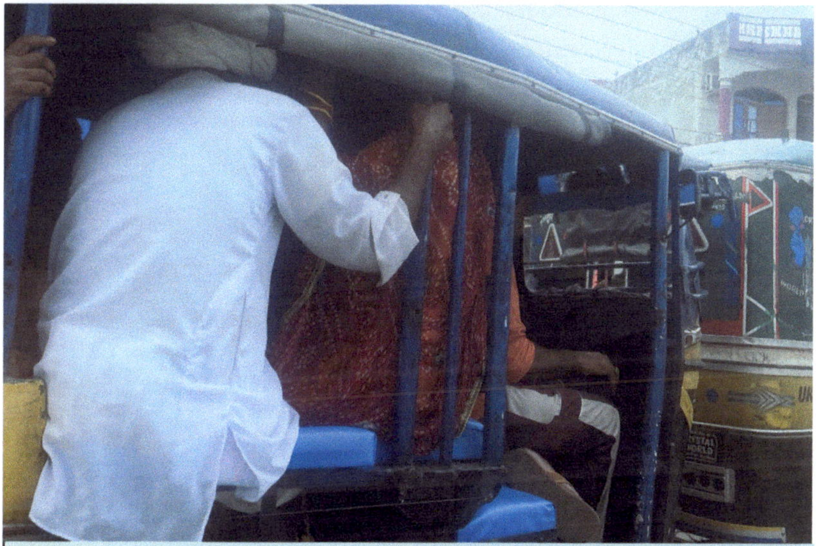

Auf dem Weg zu meinem endgültigen Ziel nahm die Fahrt eine unerwartete Wendung. Mein Fahrer hielt kurz an einem bescheiden aussehenden Haus am Straßenrand an. „Ich muss etwas meiner Frau bringen; sie ist am Fuß verletzt", erklärte er mir, während er aus dem Auto stieg. Ich beobachtete, wie er vorsichtig ein kleines Päckchen aus dem Auto holte und zu einer Tür des Hauses ging. Durch die geöffnete Autotür konnte ich einen kurzen Blick auf eine Frau erhaschen, die mit ihren verletzten Fuß an der Tür stand. Sie nahmen sich einen Moment für einen kurzen Austausch – es war offensichtlich, dass sie Schmerzen hatte. In seinen Händen glitzerte etwas und ich erkannte, dass es ein paar indische Rupien waren, die er ihr überreichte. In diesem Moment fühlte ich eine Welle von Mitgefühl. Ich saß da, in einem fremden Land, inmitten einer mir unbekannten Kultur und war Zeuge einer kleinen, aber bedeutungsvollen Geste der Fürsorge. Ich hätte am liebsten geholfen, wusste aber nicht wie. Es war ein Moment, der die Menschlichkeit in all ihrer Einfachheit und Schönheit zeigte und ich fühlte mich gleichzeitig demütig und dankbar, Zeugin dieser Szene geworden zu sein. Ich hatte Tränen in den Augen.

Ankunft in Rishikesh

Die Ankunft: Erwartungen und Realität

Die ersten Stunden: Gefühle von Unsicherheit und Hoffnung

Der erste Abend in Rishikesh: Einstimmung auf die
bevorstehenden Wochen

Endlich erreichten wir Rishikesh, das Ziel meiner langen und
turbulenten Reise. Während wir durch die Straßen fuhren,
fielen mir die vielen Yoga-Zentren auf und bei jedem dachte
ich mir: „Bloß nicht hier, bloß nicht hier." Die Fahrt führte uns
einen kleinen Berg hinauf, entlang einer schmalen Straße, die
eher einem Pfad glich. Als das Auto schließlich anhielt,
überkam mich erneut der Gedanke: „Bitte nicht hier."
Trotz all meiner Reiseerfahrungen, trotz der
Herausforderungen, die ich in China gemeistert hatte, war ich
in diesem Moment von Zweifeln erfüllt. „Vier Wochen hier?",
dachte ich mir. Die Umgebung, das Gebäude – alles erschien
mir fremd und ungewohnt.
Ich wurde jedoch sehr nett und freundlich begrüßt, was ein
kleiner Lichtblick in meiner Verwirrung war. Mein Zimmer –
oder das, was ich als Zimmer bezeichnen würde – war einfach
und spartanisch.

AYM YOG ASHRAM

Ich rief zu Hause und meine engsten Freunde an, Tränen liefen mir über die Wangen. „Wie soll ich das hier nur vier Wochen aushalten?", fragte ich mich. Die Tränen, die ich weinte, waren vielleicht auch Ausdruck von Angst und einer Art der Reinigung. Es war, als würden sie all die Anspannung und Unsicherheit der vergangenen Tage fortspülen.

Dann, als der Regen begann, wurde mir klar, dass dies mehr als nur eine Reise war. Es war eine Metamorphose, ein Übergang in einen neuen Lebensabschnitt. Der Regen prasselte gegen mein Fenster, laut und unerbittlich. Und ich war froh, dass ich ein Fenster hatte, was manch ein Zimmer, was innenliegend war, verwehrt wurde.

In jener Nacht, als ich erschöpft aber wach in meinem Bett lag, fühlte ich, wie ich langsam in diesen neuen Lebensabschnitt hineinwuchs. Ich war gekommen, um zu lernen, zu wachsen, mich selbst herauszufordern. Und obwohl der Anfang schwer war, wusste ich tief in mir, dass dies der Weg war, den ich gehen musste.

Los gehts: Meine täglichen Reflexionen und Erlebnisse

Die erste Nacht in Rishikesh war überraschend erholsam, trotz der fremden Umgebung und der inneren Unruhe, die mich am Vorabend erfasst hatte. Die harte Matratze kam mir entgegen, ich mag es eher fest beim Schlafen. Als ich am Morgen aufwachte, fühlte ich mich erfrischt, bereit, den neuen Tag zu beginnen.

Nach der Dusche kämpfte ich jedoch gegen die Hitze und die hohe Luftfeuchtigkeit an. Während ich mich anzog, schien der Ventilator an der Decke sein Bestes zu geben, aber gegen die drückende Wärme kam er kaum an. Draußen hatte es wieder zu regnen begonnen, ein beständiges Rauschen, das fast beruhigend wirkte.

Die Eröffnungsrunde war eine Herausforderung. Während die anderen sprachen, bemerkte ich, dass ich nur wenig von dem verstand, was gesagt wurde. „Oh je", dachte ich mir, „wie soll das nur weitergehen?" Doch als ich an der Reihe war, mich vorzustellen, fand ich plötzlich meinen Fluss. Ich sprach einfach drauflos, getrieben von der Aufregung und dem Wunsch, mich zu verbinden.

Zu meiner Überraschung und Erleichterung schienen mich die anderen Teilnehmer zu verstehen.

Ich sah in interessierte Gesichter, nickende Köpfe und spürte eine gewisse Akzeptanz in ihren Blicken. Es war, als hätte ich trotz der Sprachbarriere eine Brücke gebaut. In diesem Moment wurde mir klar, dass Kommunikation so viel mehr ist als nur Worte – es ist das Teilen von Gefühlen, Erfahrungen und Intentionen.

Die Eröffnungszeremonie – Ein magischer Moment

Um 11:15 Uhr begann die Eröffnungszeremonie. Ein Ereignis, das mich tief berühren sollte. Es war, als würde ich in eine andere Welt eintauchen, eine Welt voller Magie und tiefer Bedeutung. Die Musik, die den Raum erfüllte, war nicht nur ein Klang, sondern eine Sprache, die direkt zu meinem Herzen sprach. Jede Note schien eine Geschichte zu erzählen, eine Geschichte von Tradition, Spiritualität und Gemeinschaft.

Das Ritual mit dem Feuer war besonders eindrucksvoll. Ich beobachtete die Flammen, wie sie tanzten und flackerten und fühlte eine Verbindung zur Erde und zum Element des Feuers. Es war, als würde das Feuer alte Energien verbrennen und den Weg für neue Erkenntnisse und Erfahrungen freimachen. Ein besonderer Moment war, als mir mein Bändchen um das Handgelenk gelegt wurde. Diese Geste hatte etwas Zärtliches und Verbindendes.

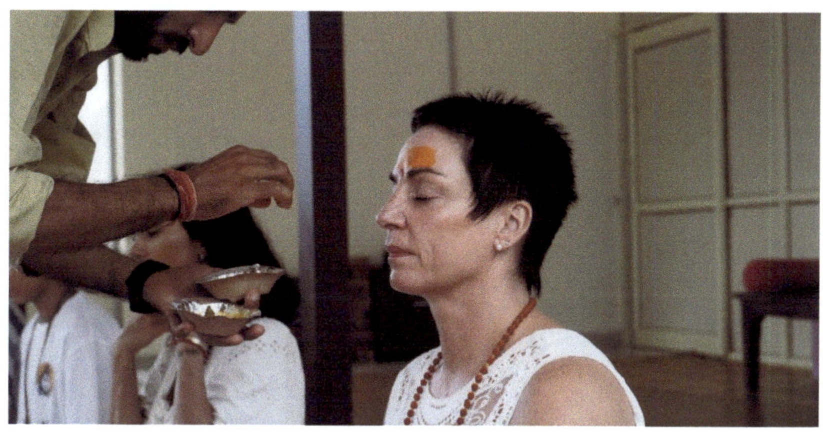

Das Bändchen, schlicht und doch bedeutungsvoll, fühlte sich
an wie ein sichtbares Zeichen der Zugehörigkeit zu dieser
neuen Gemeinschaft, in die ich gerade eingetreten war.
Die Zeremonie war ein perfekter Beginn für meine Reise in
Rishikesh. Sie war ein Fest der Sinne, der Spiritualität und der
Verbundenheit. Ich fühlte mich tief bewegt und inspiriert,
bereit, mich auf die kommenden Tage und all die Erfahrungen,
die sie bringen würden, einzulassen.

Nach der ergreifenden Eröffnungszeremonie blieb ich noch
eine Weile im Raum, lauschte den Gesprächen und versuchte,
so viel wie möglich zu verstehen. Zu meiner Freude bemerkte
ich, dass ich tatsächlich einiges verstehen konnte. Dies gab
mir ein Gefühl von Fortschritt und Zugehörigkeit.
Das Mittagessen überraschte mich positiv. Ich hatte bisher in
Deutschland nicht oft indisch gegessen und war daher
skeptisch. Doch das Essen hier schmeckte ganz anders, frisch
und aromatisch. Es war eine angenehme Überraschung, die
meine Neugier auf die indische Küche weckte.

Nach dem Mittagessen traten zwei Mädchen an mich heran
und fragten, ob ich sie begleiten möchte. Eine von ihnen wollte
sich in Rishikesh umsehen, da sie eine Ayurveda-Ausbildung
in Betracht zog. Wir machten uns zu Fuß auf den Weg und ich
spürte schnell die Hitze, die in der Luft lag. Es war ein
intensives Gefühl, fast greifbar, als wir durch die Straßen und
Gassen wanderten.
Wir waren stundenlang unterwegs, von 13:40 bis etwa 17:30
Uhr. Unsere Tour führte uns auf die andere Seite des Flusses
Ganga, eine Gegend, die einen ganz eigenen Charme hatte.
Die Erfahrung, zu Fuß die Stadt zu erkunden, war aufregend,
aber auch anstrengend.

Na, hatte ich's doch ganz gut, dachte ich mir
hier in diesem Moment

Die andere Seite des Flusses Ganga wirkte auf mich sauberer und irgendwie geordneter. Schon die Überquerung der großen Brücke war ein Erlebnis für sich – ein wahrhaftiges Momentum. Ich fühlte mich, als würde ich in einer Trance durch eine völlig neue Welt schreiten, umgeben von so vielen neuen Eindrücken, dass es fast unwirklich erschien. Selbst beim Souvenirkauf war ich ganz versunken in diese neue, faszinierende Umgebung.
Die Hitze, die Menschenmengen und die neuen Eindrücke forderten ihren Tribut. Und als wir zurückkehrten, fühlte ich mich erschöpft, aber auch erfüllt, aber der Tag war noch nicht vorbei.

Nach einer erfrischenden Dusche hörte ich, dass die anderen bereits zu einer weiteren Unternehmung aufgebrochen waren. Ich hatte wohl wieder eine wichtige Information überhört.
In Eile schloss ich mich ihnen an, getrieben von der Sorge, den Anschluss zu verlieren. Zum Glück fand ich schnell einen Teilnehmer, der sich als mein künftiger Mitstreiter im Kundalini-Unterricht herausstellte – ein junger Mann aus Südkorea.

Als Gruppe zogen wir wieder hinunter zum Fluss, wo eine große Zeremonie stattfand. Ich war tief beeindruckt und staunte über die spirituelle Intensität dieses Rituals.

Die Rückkehr über die Brücke im Dunkeln war ein weiteres Highlight – die Lichter spiegelten sich im Wasser und schufen eine fast unwirkliche, magische Atmosphäre. Die Menschen, die Kühe, die Gerüche... alles nahm ich wie in Trance in mir auf. Trotz meiner Erschöpfung fühlte ich mich lebendig und fasziniert von allem, was ich erlebte.
Beim Abendessen um 21 Uhr empfand ich eine große Freundlichkeit und Herzlichkeit der anderen Teilnehmer.

तीर्थनगरी ऋषिकेश आगमन पर
आपका हार्दिक स्वागत है।

Obwohl ich nicht alles verstand, was gesagt wurde, fühlte ich mich willkommen und angenommen.

Der Tag endete mit der Vorfreude und gleichzeitig der Ehrfurcht vor dem, was der nächste Tag bringen würde. Der Wecker war auf kurz nach 4 Uhr gestellt – der Beginn eines neuen Tages voller Yoga, Pranayama, Meditation und neuer Erkenntnisse.

Nächster Tag: Zwischen Traum und Wirklichkeit

Ich könnte schwören, dass ich die ganze Nacht kein Auge zugemacht habe. Doch muss ich wohl irgendwann eingeschlafen sein, denn ich träumte wirres Zeug, ein Durcheinander aus deutschen und englischen Fragmenten. „Was soll das nur werden?", dachte ich mir in meinen halbwachen Momenten.

Zu meiner eigenen Überraschung war ich um 5 Uhr morgens gar nicht so müde, wie ich befürchtet hatte. Die Herausforderung lag eher darin, dem Unterricht auf Englisch zu folgen. Die Yoga-Übungen am Morgen waren ein Segen. Sie erinnerten mich an meine Zeit als Sportler und Instruktor. Mit einem Lächeln dachte ich an diesen Teil meines früheren Lebens zurück. Mein Körper spürte jede Bewegung und bei manchen Übungen stieß ich an meine Grenzen – ein herrlich belebendes Gefühl.

Dann kam der theoretische Teil, der meine geistigen Fähigkeiten auf Englisch forderte. Ich konzentrierte mich stark, wollte so viel wie möglich mitnehmen. Leider fiel heute mein Kundalini-Unterricht aus – ausgerechnet darauf war ich so neugierig gewesen! Ich nutzte die Zeit, um am Laptop zu arbeiten.

Am Nachmittag folgte noch eine Unterrichtsstunde, die mir im Verständnis schwerfiel. Nicht zuletzt, weil wir immer auf dem Boden saßen – eine ganz neue Herausforderung für meine Beine und meinen Rücken.

Nach dem Mittagessen arbeitete ich weiter, gönnte mir aber auch eine kleine Schlummerpause, bevor die letzten 1,5 Stunden Unterricht anbrachen. Der Lehrer sprach so schnell, dass sogar meine Nachbarin aus London mich fragte, was er sagte. Ich blickte sie mit großen Augen an und dachte: „Wenn du das nicht verstehst und es ist deine Muttersprache, wie soll ich dann mithalten?"

Beim Abendessen hatte ich nicht wirklich Hunger, aß aber doch eine Kleinigkeit. Ich fühlte mich körperlich etwas unwohl, fragte mich, ob ich in den letzten Monaten wirklich zugenommen hatte. Am Abend las ich noch mit Hilfe eines Translators, da ich auch Aufgaben und Bücher zu bearbeiten hatte. Erst um 22:30 Uhr löschte ich das Licht und versuchte, mich auf die Nachtruhe einzustellen.

Nächster Tag: Eine Achterbahn der Emotionen - Ein emotionales Karussell

Ich wachte auf, noch ganz gefangen in den Bildern meines Traums. Es war, als hätte ich eine ganze Nacht in einer anderen Welt verbracht, so intensiv und wirr waren meine Träume. Dabei hatte ich das Gefühl, kaum ein Auge zugedrückt zu haben. Zu allem Überfluss war es draußen auch noch unglaublich laut gewesen. Die Schallisolierung, die ich gewohnt war, schien hier ein unbekanntes Konzept zu sein. Hunde bellten unentwegt, als gäbe es kein Morgen. In einem Moment der Stille, als ich die Augen schloss, hatte ich eine Vision von Seelen, die durch die Luft flogen – ein faszinierendes, fast beängstigendes Bild. Dann träumte ich plötzlich, dass eine mir bekannte Person gestorben sei. Ein Schock, der mich tief berührte und mich in eine Art Halbwachzustand versetzte.

Als der Tag dann begann, fühlte ich mich wie zwischen zwei Welten. Einerseits war da die Nachwirkung der intensiven Träume, andererseits die reale Welt von Rishikesh, die auf mich wartete.

Ich sammelte mich und bereitete mich auf den neuen Tag vor, neugierig und ein wenig angespannt, was er mir bringen würde.

Der Tag begann mit einem energetischen Auftakt, der mir trotz der frühen Stunde eine belebende Frische verlieh. In der Morgendämmerung, während ich mich durch die anspruchsvollen Yoga-Übungen bewegte, fühlte ich mich wie neugeboren. Meine Muskeln arbeiteten, mein Geist klärte sich und ich erinnerte mich mit einem nostalgischen Lächeln an meine Zeit in China – damals, als ich ebenfalls meine körperlichen Grenzen neu definierte.

Während der Unterrichtsstunden schien ich in eine Art Flow zu geraten. Das Englisch, das mir zuvor wie eine unüberwindbare Hürde erschienen war, wurde plötzlich greifbarer. Ich ertappte mich dabei, wie ich Teile des Unterrichts verstand, auch wenn ich zwischendurch mental abschaltete, überwältigt von der Geschwindigkeit der Worte. „Wird das wirklich besser, oder bilde ich mir das nur ein?“, fragte ich mich, während ich mich mit meinen eigenen Sprechversuchen abmühte.

Das Mittagessen war eine willkommene Stärkung, gewürzt mit einer Prise Abenteuer durch die scharfe Chilisauce. Ich fühlte mich mutig und bereit, neue Geschmackswelten zu erkunden. Die Mittagspause jedoch führte mich zurück in die Welt der Träume. Der erste Traum über einen ehemaligen Freund war verstörend, fast schon beunruhigend. Ich wachte auf, gefangen in einer Mischung aus Vergangenheit und Gegenwart und musste mich erst wieder in der Realität verankern.

Der zweite Traum war noch intensiver: ein emotionales Drama mit meinem Vater und Laura. Das Gefühl des Verlassenseins und der Ignoranz war so real, dass es mir den Atem raubte.

Ich erwachte und fühlte mich, als wäre ich durch einen
emotionalen Sturm gegangen.
Als ich auf die Uhr sah und bemerkte, dass es schon 16 Uhr
war, atmete ich tief durch. „Noch etwas Zeit, um mich zu
sammeln", dachte ich und griff zum Kundalini-Buch. Mit Hilfe
des Translators tauchte ich in die Lehren ein, suchte nach
Ruhe und Orientierung in den heiligen Schriften.
Dieser Tag, bis hier, war ein Kaleidoskop der Gefühle – von
belebender Energie am Morgen bis hin zu den verwirrenden
Tiefen meiner Träume. Jeder Moment war ein Schritt auf
meinem Weg der Selbsterkenntnis, jeder Atemzug eine
Erinnerung daran, dass ich auf einer Reise war, die weit über
das Physische hinausging.

Zwischen Frustration und Magie
Der Abend begann mit einem Missgeschick: Ich dachte, der
Unterricht würde um 17:30 Uhr beginnen, kam aber zu spät,
denn er hatte schon um 17:15 Uhr angefangen. Mein Eintreten
in den bereits laufenden Kurs war für mich unangenehm.
Verspätungen sind mir ein Gräuel, besonders da ich aus dem
Sport gewohnt bin, immer pünktlich zu sein.
Kaum hatte ich mich gesetzt, folgte die nächste
Herausforderung: Der Lehrer sprach wie ein Schnellzug. Ich
fühlte mich überrollt von einem Strom aus Worten, der mich in
ein Meer von Frustration stürzte. Trotz der Bitte meines
südkoreanischen Mitstreiters, langsamer zu sprechen,
flatterten die Worte wie Schmetterlinge um uns herum, kaum
zu fassen.

Dann, als wäre ein Zauberstab geschwungen worden,
wandelte sich der Abend. Das Meditationsexperiment begann.
Wir sollten einen roten Punkt anstarren, nur eine Armlänge
von der Wand entfernt. Erst mit geschlossenen Augen die
Vorbereitung und dann 15 Minuten auf den Punkt starren.

Die Tränen liefen mir über die Wangen, das kannte ich von meinen Experimenten zu Hause. Und es lief auf einmal nur aus dem linken Auge die Tränen... Und dann... plötzlich entfaltete sich vor meinen Augen ein magisches Schauspiel: Regenbogenfarben tanzten um den Punkt. Der Guru erklärte, dies sei ein Zeichen intensiver Konzentration – ein Moment purer Magie.

Nach diesem erhebenden Erlebnis ging es zum Abendessen. Es war in Ordnung, doch die Unterhaltungen der Anderen entgingen mir weitgehend, was mich in eine Achterbahn der Emotionen stürzte. Ich fühlte mich verloren in einem Meer von Stimmen.

Zurück in meinem Zimmer, das ich glücklicherweise für mich allein hatte, nahm ich mir die Zeit, ein paar Dinge zu waschen und noch etwas Englisch zu büffeln. Bevor ich mich versah, zeigte die Uhr schon wieder 22:30 Uhr. „Zeit fürs Bett", dachte ich „und auf bessere Träume."

Nächster Tag: Eine Nacht voller Unruhe.

Die Nacht begann ruhig, nachdem ich gegen 22:30 Uhr das Licht ausgemacht hatte. Doch kaum war Mitternacht erreicht, begann eine Stunde, die sich anfühlte, als würde ich den Verstand verlieren. Es war, als hätte jemand einen Schalter umgelegt und plötzlich bellten die Hunde, als gäbe es kein Morgen. Es schien, als ob jeder Hund in Rishikesh beschlossen hatte, ein nächtliches Konzert zu geben, das mindestens eine Stunde dauerte.

Der Lärm war durchdringend und ließ mich keinen Moment der Ruhe finden. Ich lag im Bett, wälzte mich hin und her und versuchte vergeblich, die bellenden Hunde auszublenden. Als die unerwartete Serenade schließlich endete, war mein Schlaf für den Rest der Nacht unruhig. Ich driftete in einen halbwachen Zustand, in dem ich mich ständig fragte, wann das nächste Hundeorchester beginnen würde.

Diese unruhige Nacht war ein Vorgeschmack auf den Tag, der folgen sollte – ein Tag, der ebenso herausfordernd wie lehrreich sein würde.

Verwirrung, Verzauberung und eine Prise Schmerz
Die Morgendämmerung in Rishikesh begrüßte mich mit meiner Lieblingsstunde, auch wenn es erst 5 Uhr war. Und unter uns, um ehrlich zu sein, der Yoga-Lehrer in dieser Stunde war ganz mein Typ. Jede Bewegung, jede Pose zog mich in seinen Bann – ich musste mich wirklich konzentrieren, um nicht zu sehr ins Schwärmen zu geraten.
Diese Stunde war ein wahres Fest für meinen Körper. Sie forderte mich heraus, dehnte mich und brachte mich dazu, mich ganz auf meinen Körper zu konzentrieren – eine willkommene Ablenkung von meinen Schwärmereien. Es waren neue, fantastische Übungen dabei, die selbst mich als ehemalige Sportlerin und Kursleiterin beeindruckten.

Obwohl ich manchmal dachte, ich würde sterben – so steif fühlte sich mein Körper am frühen Morgen an – tat es unglaublich gut. Ja, es gab Momente, in denen ich dachte, ich könnte keinen Sonnengruß mehr sehen, aber gleichzeitig fühlte ich mich lebendiger und verbundener mit meinem Körper als je zuvor.

Die Stunden danach waren so lala, aber dann kam die Kundalini-Stunde, die ich zusammen mit meinem Mitstreiter aus Südkorea praktizierte. Wir waren nur zu zweit in diesem Kurs, was es zu einem besonderen Erlebnis machte, fast wie ein Privileg.

Doch dann, mitten im Unterricht, begann mein rechtes Ohr zu schmerzen und mein ganzer Körper fühlte sich verschoben an. Ich wusste aus meiner eigenen Arbeit, dass Körper- und Energiearbeit manchmal Überraschungen mit sich bringen können, aber das hier war anders. Es war nur die Vorstufe dessen, was noch kommen sollte...

Meine Verwirrung erreichte ihren Höhepunkt, als ich zum Mittagessen ging und feststellte, dass niemand da war. „Ist es noch nicht Lunch-Zeit?" „Habe ich die Zeitumstellung verpasst oder was?"...dachte ich verwirrt und ging zurück zum Kursraum. Tatsächlich saßen alle dort – ich hatte noch Unterricht! Ich war total durcheinander, fühlte mich, als wäre ich nicht ganz anwesend. Oder wie Alice im Wunderland... nur ohne Wunderland... „Was soll das nur noch werden?", fragte ich mich etwas schmunzelnd, während ich versuchte, mich wieder zu sammeln und mich auf den weiteren Tag einzustellen.

Ein Ausflug in den Organic Shop und Ohrenprobleme
Am Nachmittag beschlossen wir drei Mädels, uns noch einmal ins Getümmel zu stürzen und den örtlichen Organic Shop zu besuchen.

Was für ein Erlebnis! Der Laden war ein wahres Paradies:
Angefüllt mit tollen, gesunden Angeboten und dazu
unglaublich günstig. Ich fand dort Senföl und erinnerte mich
plötzlich an all die wunderbaren Dinge, die es bewirken kann –
altes Wissen, das heute in meinem Kopf wieder auflebte.
Aber während ich durch die Regale stöberte, wurde mein
Ohrschmerz immer schlimmer. Es schmerzte nicht nur,
sondern ich begann auch, weniger zu hören. „Großartig",
dachte ich ironisch, „ich verstehe ohnehin schon kaum etwas
und jetzt das auch noch."
Zurück im Kursraum erwartete uns wieder ein
Schnellsprachkurs. Selbst meine Kurskollegin aus London
warf mir wieder fragende Blicke zu, als wollte sie sagen:
„Verstehst du überhaupt etwas?" Ich schüttelte nur den Kopf
und hoffte, dass der Tag bald enden würde.
Nach dem Dinner zog ich mich direkt auf mein Zimmer zurück.
Mein Ohr machte mir zu schaffen und ich brauchte Ruhe.
„Hoffentlich ist es morgen besser", dachte ich, während ich
mich auf mein Bett legte. Trotz des freien Sonntags stand am
nächsten Morgen der Besuch eines Tempels an – kein
Ausschlafen in Sicht. Aber wenigstens versprach der
Tempelbesuch eine Abwechslung zu den üblichen Kursen und
vielleicht sogar eine Chance auf etwas Ruhe und Heilung für
mein Ohr, so dachte ich.

Nächster Tag: Ein Morgen voller Missgeschicke

Die Unruhe meiner vorherigen Nächte schien sich
fortzusetzen, denn ich schlief wieder unruhig. Mein rechtes
Ohr schmerzte so sehr, dass ich oft aufwachte und die ganze
rechte Gesichtshälfte fühlte sich angespannt an, sodass ich
kaum auf dieser Seite liegen konnte.
Plötzlich wachte ich mit einem Schrecken auf – es war bereits
hell draußen. „Das kann doch nicht sein", dachte ich panisch
und sprang auf, um auf die Uhr zu schauen. Es war 05:30
Uhr. Mein Herz sank. Der Wecker hatte mich im Stich
gelassen und alle waren bereits zur Tempelfahrt
aufgebrochen, die um 5 Uhr startete. Ich brach in Tränen aus,
fühlte mich isoliert und allein gelassen.
Da saß ich nun, allein in meinem Zimmer und weinte in mein
Kissen. Das Gefühl, nicht Teil der Gemeinschaft zu sein, wog
schwer auf mir. Zu allem Überfluss schmerzten nun beide
Ohren und das Rechte war komplett zugeschwollen.
Nachdem ich mich etwas beruhigt hatte, griff ich zum
kolloidalen Silber, das ich glücklicherweise mitgebracht hatte.
Ich behandelte mein Ohr und versuchte dann, mich mit
Atemübungen und Meditation zu beruhigen. Ich fühlte mich
wie gelähmt und dachte zurück an meine Zeit in China.
„Heute ist wohl einer dieser Tage, die einfach sein müssen",
sagte ich mir. Ich wusste, dass das Universum keine Fehler
macht und vertraute darauf, dass ich die Antworten finden
würde, die ich suchte.

Inmitten meines Tränenausbruchs und der Ohrenschmerzen hielt ich immer wieder inne und erinnerte mich immer und immer wieder an eine alte Weisheit: „Das Leben macht keine Fehler."

Zwischen Akzeptanz und Sinnkrise

Diese Erkenntnis war ein kleiner Trost inmitten der Turbulenzen. Doch dann setzten Kopfschmerzen ein, als wollte mein Körper sich gegen das Chaos wehren.
Ich griff nach meinen Schüßler Salzen Nummer 7, lutschte sie und versuchte, mich in meinem kleinen Raum zu erden. Ich oxidierte so vor mich hin, spürte wie mein Körper langsam reagierte und durchlebte dabei eine kurze Sinnkrise. „Warum ist alles so kompliziert?", fragte ich mich.
Dann beschloss ich, mich abzulenken und arbeitete etwas an meiner Webseite. Das Tippen auf der Tastatur, das Gestalten von Seiten – all das half mir, meine Gedanken zu ordnen und meinen Geist zu beruhigen. Es war eine willkommene Ablenkung von den physischen Schmerzen und der emotionalen Verwirrung des Morgens.
Während ich so arbeitete, fand ich langsam zu meiner inneren Mitte zurück. „Vielleicht ist dieser Tag genau das, was ich brauche", dachte ich mir. „Vielleicht ist es eine Gelegenheit, mich selbst zu finden, abseits der Gruppe und des festgelegten Programms."

Unerwartete Erleichterung beim Frühstück

Als das gemeinsame Frühstück anbrach, setzte ich mich zu den Anderen, noch immer ein wenig verloren in meinen Gedanken. Eine meiner Mitstreiterinnen kam auf mich zu und sagte: „Du hast wirklich nichts verpasst." Sie erzählte mir, dass dichter Nebel die Sicht während der Fahrt zum Tempel stark eingeschränkt hatte und dass es ihr auf der Fahrt ebenfalls nicht gut gegangen war.

Vor allem erwähnte sie, dass die Fahrt in die Berge auch für sie belastend war, was mich darüber nachdenken ließ, dass es meinem Ohr wahrscheinlich noch schlechter gegangen wäre. In diesem Moment fühlte ich eine Welle der Erleichterung und des Verständnisses. Das Universum hatte scheinbar für mich gesorgt. Wenn ich an der Fahrt teilgenommen hätte, wären meine Ohrenprobleme wahrscheinlich noch schlimmer geworden. Es war, als hätte eine unsichtbare Hand eingegriffen, um mich vor weiteren Beschwerden zu bewahren.

Diese Erkenntnis brachte mir eine gewisse Ruhe. Ich begann tiefer zu verstehen, dass nicht jede scheinbar schlechte Wendung wirklich negativ sein muss. Manchmal sind es genau diese unerwarteten Umstände, die uns beschützen und uns auf einen anderen, vielleicht sogar besseren Pfad führen.

Detox-Säfte und Marktabenteuer

Nach dem Frühstück setzte ich mich wieder an meinen Laptop, vertieft in meine Arbeit. Plötzlich gesellte sich eine Mitstreiterin zu mir, die in einem atemberaubenden Tempo sprach. Ich gab mein Bestes, um ihr zu folgen, aber manchmal hatte ich das Gefühl, sie war leicht genervt, wenn ich sprach. Vielleicht war das aber auch nur meine Interpretation. „Na ja", dachte ich, „wenn schon, dann kann mir das auch egal sein." Später gingen wir als kleine Gruppe in ein einheimisches Restaurant und das war echt eine Erfahrung für sich. Dort bestellte ich einen Detox-Saft aus Zitronengras, Minze und Zitrone – so erfrischend und lecker, dass ich mir gleich noch einen zweiten gönnte. Das Essen war einfach himmlisch: Ich genoss gebratenes Gemüse mit Tofu und es war wirklich mega lecker.

Anschließend machten wir uns auf den Weg zum Markt. Aber wie das Schicksal so spielt: Es fing an zu regnen. Mein Enthusiasmus sank in dem Maße, wie der Regen zunahm und ich entschied mich, alleine zurückzugehen. Die Anderen zogen weiter, während ich mich zurückzog.

Salads

...MATO TOFU SALAD
...RD VEG SALAD
...TIC SALAD (MIXED VEG, TOFU AND ... MAYONNAISE)... 130
.... 130

Vegetables

...EN/ STEAMED VEGETABLES
...D VEGETABLES (SEASONAL) 150
.... 150

Sandwiches

...SANDWICH
...CHEESE SANDWICH................ 120
...TOFU SANDWICH................. 130
...CHEESE SANDWICH............... 130
...SPINICH SANDWICH.............. 130
...HEESE SANDWICH................ 130

...N BREAD (2 SLICES)

...N TOAST................... 40
...R TOAST.................. 50

Toasts
brown bread 3 slices

Savoury Toast

GARLIC BUTTER TOAST............... 80
CHEESE TOAST...................... 100
CHEESE GARLIC TOAST............... 110
CHEESE TOMATO TOAST............... 110
CHEESE MUSHROOM TOAST............. 120
CHEESE OLIVE TOAST................ 130
CHEESE TOMATO MUSHROOM TOAST 140
CHEESE TOMATO OLIVE TOAST....140
CHEESE MUSHROOM OLIVE TOAST .140
CHEESE TOMATO MUSHROOM OLIVE 160

Sweet Toast

HONEY TOAST....................... 80
BANANA CINNAMON TOAST............. 100
BANANA PEANUT BUTTER TOAST........ 120
BUTTER HONEY TOAST................ 100
NUTELLA TOAST..................... 120
PEANUT BUTTER TOAST............... 120

Soups

PUMPKIN SOUP...................... 120
SPINACH SOUP...................... 120
SPINACH TOFU SOUP................. 130
TOMATO SOUP....................... 120

Ich kehrte in mein Zimmer zurück, umgeben von der Stille, die nur durch das gelegentliche Rauschen des Regens draußen unterbrochen wurde. Doch die Ruhe sollte nicht lange anhalten.

Plötzlich setzten heftige Kopfschmerzen ein, begleitet von einer Welle der Übelkeit. Als wäre das nicht genug, begann der Ventilator in meinem Zimmer, merkwürdige Geräusche zu machen, bevor er ganz und gar aufgab. „Nun, das ist ja perfekt", dachte ich ironisch, während ich mich bemühte, die Schmerzen zu ignorieren und etwas Schlaf zu finden.

Doch der Schlaf war mir nicht gegönnt. Pünktlich um 01:30 Uhr morgens starteten die Hunde der Umgebung ihr nächtliches Konzert. Das ununterbrochene Bellen riss mich aus meinen ohnehin flüchtigen Schlafträumen. Ich lag da, halb wach, halb schlafend und lauschte dem Lärm, der die nächtliche Stille durchbrach. Es war ein passender Abschluss für einen Tag, der voller Überraschungen steckte und mich an meine Grenzen brachte.

Nächster Tag: Ein Morgen voller Beschwerden

Der neue Tag in Rishikesh begrüßte mich mit einem Gefühl der Mattigkeit. Mein Zustand hatte sich nicht wirklich verbessert. Zu allem Überfluss funktionierte der Ventilator in meinem Zimmer nicht und nach der Dusche fühlte ich mich in der feuchtwarmen Luft fast wie in einem Dampfbad gefangen. Es war, als würde jede Anstrengung, mich frisch zu fühlen, sofort zunichte gemacht.

Die erste Stunde des Tages, die normalerweise mein Highlight war, wurde zur Herausforderung. Meine körperliche Verfassung ließ zu wünschen übrig und ich kämpfte mich durch die Übungen. Wie Du ja bereits weißt, ist diese Stunde normalerweise mein Lieblingsmoment, aber heute war es anders.

Als wir schließlich zur Entspannungsphase kamen, zog ich mich komplett unter meine Decke zurück. Dort lag ich, versteckt vor der Welt, während mein Körper und Geist nach Ruhe und Erholung suchten. Es war, als würde ich mich in einen Kokon zurückziehen, in der Hoffnung, mich regenerieren und neue Kraft sammeln zu können.

Nasenspülung und ein zögerliches Frühstück

Die zweite Stunde des Tages brachte eine neue Herausforderung mit sich: die Nasenspülung. Ich muss zugeben, es war eine intensive Erfahrung, heavy und heftig zugleich. Aber zu meiner Überraschung fühlte ich mich danach deutlich besser. Es war, als hätte die Spülung nicht nur meine Nasenwege, sondern auch einen Teil meiner Beschwerden weggespült. Das nächste Ritual, ein Gummi durch die Nase zu ziehen, bekannt als 'Rubel', ließ ich jedoch aus. Bei meinen anhaltenden Kopfschmerzen schien es mir nicht ratsam und glücklicherweise waren Kopfschmerzen eine der Kontraindikationen, was mir eine willkommene Pause verschaffte. Ich beobachtete die Anderen. Da haben es dann auch zwei meiner Mitstreiter geschafft. Schon beim Anblick bekam ich so einen komischen Würgereiz.
Beim Frühstück hatte ich kaum Appetit, und ein leichtes Übelkeitsgefühl hielt mich weiterhin in seinem Bann. Widerstrebend aß ich eine halbe Banane, obwohl ich normalerweise keine große Affinität zu Bananen habe. „Bananen und ich, das ist so eine Sache", dachte ich mir. Am Morgen erlebten wir einen wahren Wolkenbruch. Der Regen prasselte so heftig gegen die Fenster, dass wir die Lehrer kaum verstehen konnten. Es war, als würde die Natur ihre eigene, donnernde Stimme erheben, um mit uns zu sprechen. Man muss es erlebt haben, um es zu glauben – der Lärm war so überwältigend, dass er fast surreal wirkte.

Zum Lunch hatte ich wieder kaum Appetit, die latente Übelkeit hielt hartnäckig an. Trotzdem entschloss ich mich, mit einer Mitstreiterin noch einmal den Organic Shop aufzusuchen. Das gegenseitige Verstehen war erneut eine Herausforderung. Sie sprach so schnell, dass ich kaum folgen konnte und umgekehrt erging es ihr genauso mit mir. Aber irgendwie fanden wir das beide ziemlich amüsant. Das Highlight war unsere Odyssee zur Wechselstube. Wir mussten dreimal hinlaufen, weil wir immer noch Fragen hatten. Der Mann dort amüsierte sich köstlich über uns. Jedes Mal, wenn wir mit einer neuen Frage auftauchten, konnte er sich ein Schmunzeln nicht verkneifen. Wir lachten mit ihm – es war, als würden wir in einem skurrilen Film mitspielen, in dem jeder Lauf zur Wechselstube eine neue, humorvolle Wendung nahm.
Trotz der sprachlichen Barrieren und der anhaltenden Übelkeit war es bisher ein Tag voller kleiner Freuden und Lacher, ein Beweis dafür, dass selbst in den herausforderndsten Momenten immer Platz für ein wenig Heiterkeit ist.

Träume, Unruhe und die Kraft des Brahmari

Nach dem Besuch im Organic Shop nutzte ich die verbleibende Zeit bis zur letzten Unterrichtsstunde, um mich etwas auszuruhen. Die Nacht zuvor war wieder von intensiven, wirren Träumen geprägt gewesen, die mich zutiefst beunruhigten. Um 1:30 Uhr, genau zur Leberzeit, fand ich mich plötzlich hellwach im Bett wieder, unfähig, wieder einzuschlafen.

In der letzten Stunde des Tages erlebte ich erneut die Herausforderung, dem schnellen Sprechtempo des Lehrers zu folgen. Ich hatte kurz überlegt, seine Worte aufzunehmen, um sie später in Ruhe nachzuhören, wurde jedoch sofort darauf hingewiesen, dass das nicht erlaubt sei. Also blieb mir nichts anderes übrig, als zu versuchen, so gut es ging mitzukommen.

CHAKRAS
Crown
Sacral
Third Eye
Heart
Solar Plexus
Headstand
Goddess
Throat
Downward Dog
Camel
Warrior
Shoulder Stand
Root Chakra
Tree

Ein besonderes Highlight dieser Stunde war die Praxis des Brahmari, des Bienenatmens, das wir für zehn Minuten ausübten. Diese Erfahrung war einfach umwerfend. Ich konnte meinen eigenen Herzschlag im Kopf spüren und über meine Hände wahrnehmen. Es war, als hätte ich eine tiefe Verbindung zu meinem innersten Selbst hergestellt. Die Vibrationen des Tons erfüllten meinen gesamten Körper und brachten eine Art inneren Frieden und Klarheit mit sich, die ich so noch nicht erlebt hatte.

Dieser Moment des Brahmari war wie ein Gegenpol zu den Unruhen der vergangenen Nacht und des Tages. Er erinnerte mich daran, dass es inmitten des Chaos immer einen Ort der Ruhe gibt, den man finden kann.

Regenfahrten und astrologische Vorfreude

Der Regen hatte den ganzen Tag über nicht nachgelassen; es war mehr ein Schütten als ein Regnen. Inmitten dieses sintflutartigen Wetters beschloss ich, mir eine SIM-Karte zu kaufen, da das WLAN in der Schule nicht immer zuverlässig funktionierte und ich auf den Translator angewiesen war. Ein Guide von der Schule bot sich an, mich mit dem Moped zu fahren und das war zuerst recht amüsant. Ich hinten auf dem Moped, durch die Gassen und Straßen von Rishikesh – ein echtes Abenteuer!

Doch dann verwandelte sich der leichte Regen in einen wahren Wolkenbruch. Wir wurden regelrecht überschwemmt und mussten uns sogar einmal unterstellen, weil es unmöglich war, weiterzufahren. Es war eine irrwitzige Erfahrung, im strömenden Regen festzustecken. Und als wäre das nicht genug, stellte sich heraus, dass ich meinen Pass für den Kauf der SIM-Karte brauchte, den ich natürlich nicht dabei hatte. Also ging es, nass bis auf die Knochen, unverrichteter Dinge zurück.

Der Tag neigte sich dem Ende zu und obwohl ich immer noch leichte Kopfschmerzen hatte, wusste ich, dass dies Teil des Reinigungsprozesses und der Aktivierung aller Chakren und der Kundalini war. Für den nächsten Tag hatte ich etwas ganz Besonderes geplant: einen Termin mit einem Astro-Guide. Die Vorfreude darauf war riesig und ich war gespannt, welche neuen Erkenntnisse und Perspektiven dieser Tag bringen würde.
Zu all der Vorfreude auf den Astro-Guide kam noch ein besonderes Datum hinzu: Morgen wäre der 08.08., ein Tag, der in der Astrologie als das Löwentor bekannt ist. Dieses Datum gilt als energetisch besonders kraftvoll, ein Zeitfenster, in dem die spirituellen Energien intensiver sind und die Verbindung zum Universum stärker wahrgenommen werden kann.

Die Vorstellung, gerade an diesem energetisch bedeutenden Tag meinen Astrologie-Termin zu haben, erfüllte mich mit einer besonderen Art von Erwartung und Aufregung. Es fühlte sich an, als würden die Sterne sich für mich ausrichten, als ob der Tag eine tiefere Bedeutung und vielleicht sogar eine Botschaft für mich bereithalten würde.
Mit diesen Gedanken an das bevorstehende Löwentor legte ich mich schlafen. Die Kopfschmerzen mit einer kurzen Meditation ließen langsam nach und das Herz voller Spannung und Neugier auf das, was der nächste Tag bringen würde.

Nächster Tag: Traumklarheit und eine astrologische Offenbarung

Die Nacht war erfüllt von immer verrückteren, klareren und lebendigeren Träumen. Ich wachte auf mit einem Gefühl der Erneuerung und freute mich auf den Tag, besonders auf die erste Yoga-Stunde. Es war eine Freude, meinen Körper so intensiv zu spüren, jede Bewegung war ein Genuss, eine tiefgehende Verbindung zu mir selbst.

Dann kam der Höhepunkt des Tages: meine Astrologie-Session. Der Astro-Guru holte mich mit dem Moped ab und die Fahrt dorthin war schon wieder ein Erlebnis. Die Begegnung mit ihm war spannend, aufregend und tief bewegend. Während der Session machte ich nur Screenshots, aber er sprach langsam und deutlich, sodass ich ihn gut verstehen konnte.
Seine Worte hallten in mir nach: Ich solle meine Aufgabe annehmen, meine starke Verbindung und enorme Energie nutzen. Mein Kronenchakra müsse geöffnet werden – eine Erkenntnis, die meine Kopfschmerzen der letzten Tage in ein neues Licht rückte. Er betonte, ich müsse mich fokussieren und meine göttliche Gabe annehmen. Diese Geburt sei meine große Transformation.
Überraschenderweise sagte er voraus, dass ich eine Schule eröffnen und bis 2028 etwas Großes verändern werde. Er bot sogar seine Hilfe an, überzeugt davon, dass ich zu mehr berufen sei. Die Reinigung, die er durchführte, war intensiv und fast hypnotisch. Ich spähte durch meine geschlossenen Augen, gefangen in der Magie des Moments.

Am Ende der Session umarmte er mich lange und kniete nieder – ein Moment voller Kraft und Bedeutung. Er mahnte mich, auf meine Gesundheit zu achten, insbesondere auf Haut und Skelettsystem und nicht zu viel in die Augen anderer Menschen zu schauen, da einige mir Energie entziehen könnten.

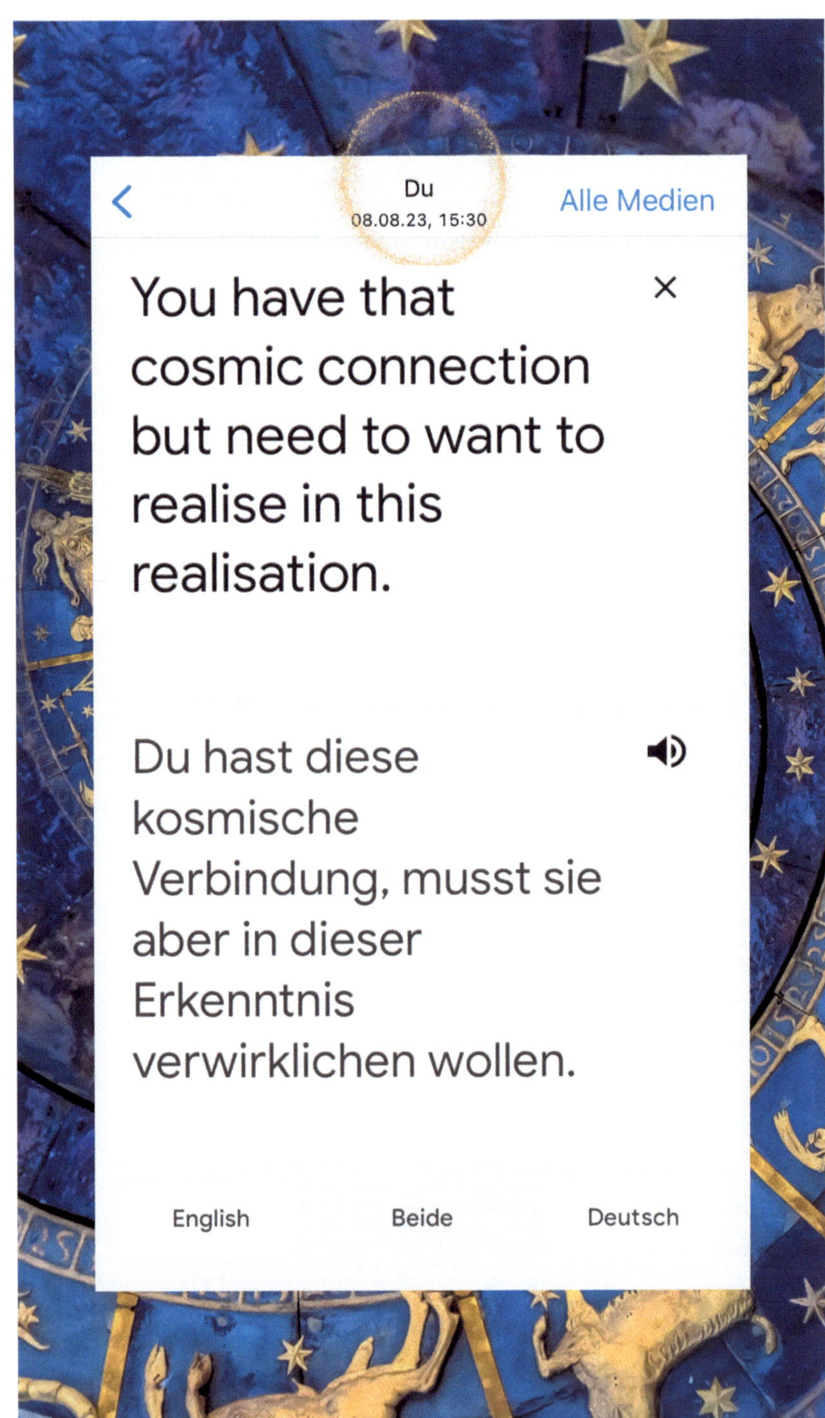

Du
08.08.23, 15:30
Alle Medien
You have that cosmic connection but need to want to realise in this realisation.
Du hast diese kosmische Verbindung, musst sie aber in dieser Erkenntnis verwirklichen wollen.
English
Beide
Deutsch

Seine Worte über meine Fähigkeit, anderen Menschen zu helfen, berührten mich tief.

Die Aussage über meine Haut war besonders interessant, da sie tatsächlich auf Veränderungen, Stress oder innere Unstimmigkeiten reagiert.

Ein Erwachen der Seele

Die Worte des Astro-Gurus hallten in mir nach, nicht nur als leise Echos, sondern als mächtige, lebensverändernde Botschaften. Sie drangen tief in mein Innerstes ein und entfachten dort ein Feuer der Erkenntnis und des Vertrauens. Es war, als hätte er eine verborgene Tür in meinem Herzen aufgestoßen und mir den Weg zu meiner wahren Bestimmung aufgezeigt.

Jedes seiner Worte war wie ein Schlüssel, der die Fesseln meiner Zweifel, Ängste und Unsicherheiten sprengte. Sie gaben mir nicht nur die Kraft, sondern auch den unerschütterlichen Glauben, dass mein Weg auf dieser Erde weit mehr ist als ein zufälliger Pfad. Er ist eine sorgfältig gewobene Mission, ein heiliger Auftrag, den ich zu erfüllen habe.

Dieses tiefe Verständnis meiner Aufgabe und meines Platzes im Universum war mehr als eine bloße Erkenntnis; es war eine Transformation, ein Erwachen. Ich fühlte mich gestärkt, ermächtigt und bereit, den Herausforderungen und Wundern meines Lebens mit einer neuen Perspektive und einem verstärkten Vertrauen in mich selbst zu begegnen.

Die Begegnung mit dem Astro-Guru war nicht nur ein Moment der Vorhersage oder Beratung; es war ein spirituelles Erwachen, eine Einladung, meine innere Stärke zu umarmen und mutig voranzuschreiten auf dem Weg, der für mich bestimmt ist.

Rückkehr, Regen und ruhige Reflexion

Zurück in der Schule und in meinem Zimmer setzte ein heftiger Regen ein. Ich nahm das Prasseln des Regens gegen die Fensterscheiben als symbolischen Akt der Reinigung wahr, als wäre die Natur selbst daran beteiligt, meinen Transformationsprozess zu unterstützen. Die letzte Unterrichtsstunde des Tages fühlte sich anders an als die Vorherigen. Es war, als hätte sich ein Schleier gelüftet; ich verstand mehr und fühlte mich insgesamt vollkommener und ruhiger. Diese innere Ruhe war eine direkte Folge meiner Erlebnisse und Gespräche des Tages.

Heute Vormittag hatte ich ein wertvolles Telefonat mit zu Hause geführt und mit meiner besten Freundin gesprochen. Das Gespräch war eine Quelle der Stärkung und Freude. Es ist ein unschätzbares Geschenk, solch eine wunderbare Freundin zu haben.

Beim Abendessen kamen zwei Mitstreiterinnen auf mich zu und fragten nach meiner Astrologie-Session. Als ich erzählte, bestätigte eine von ihnen, dass sie schon am ersten Tag, als sie an mir vorbeiging, meine besondere Energie gespürt hatte. Sie fühlte sich in meiner Nähe wohl und war deshalb gleich auf mich zugegangen. Diese Worte waren für mich eine Bestätigung und ein Spiegel der positiven Energie, die ich ausstrahlte.

Später am Abend vertiefte ich mich noch in mein Schulbuch, insbesondere in das Kapitel über das Kronenchakra. Diese Lektüre war nicht nur informativ, sondern auch eine Art meditative Praxis, die mir half, die Ereignisse des Tages zu verarbeiten und mein Verständnis für meine eigene spirituelle Reise zu vertiefen.

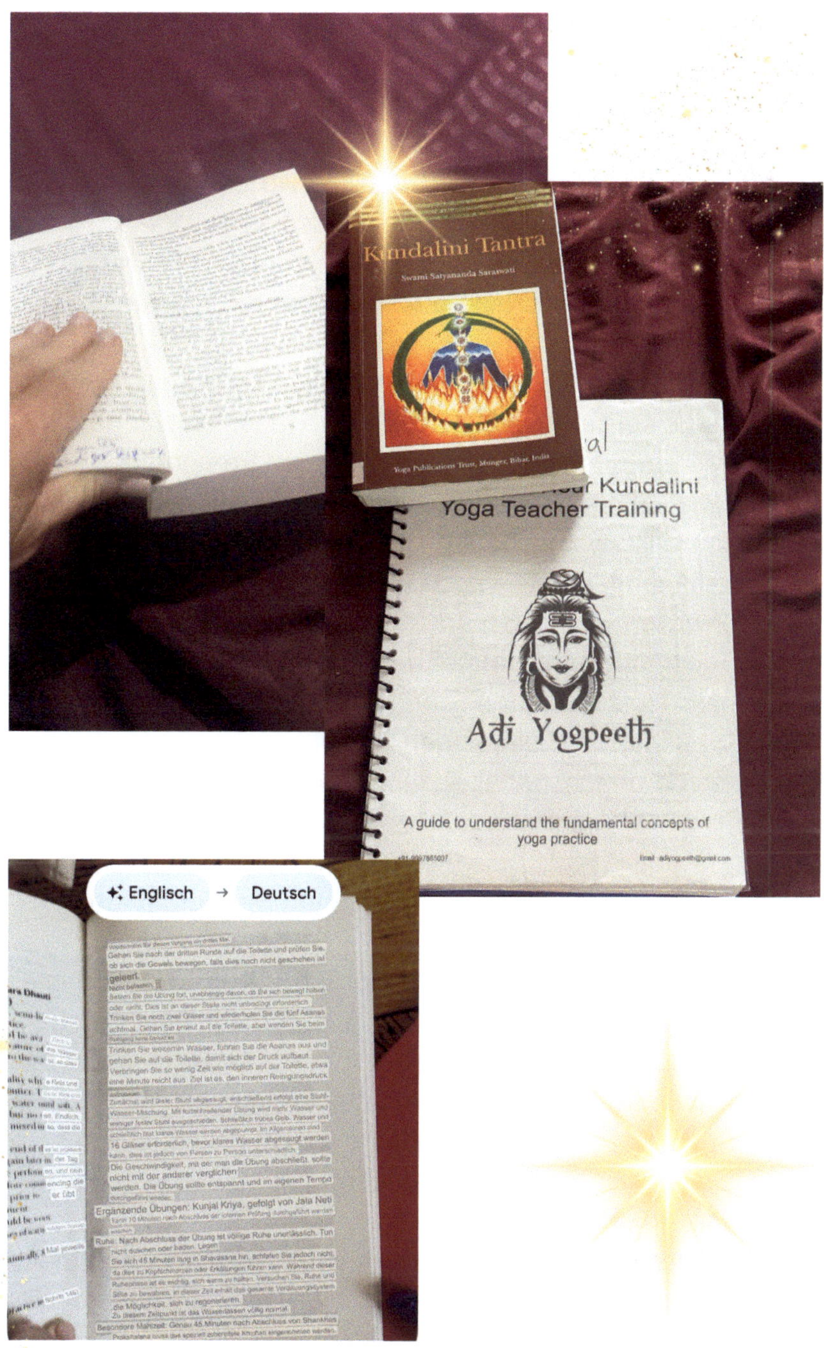
Kundalini Tantra
Swami Satyananda Saraswati
Yoga Publications Trust, Munger, Bihar, India
Kundalini
Yoga Teacher Training
Adi Yogpeeth
A guide to understand the fundamental concepts of
yoga practice
Englisch → Deutsch

Nächster Tag: Eine Nacht mit Bären und Ohrenbeschwerden

In dieser Nacht riss mich um 01:25 Uhr ein plötzliches Aufwachen aus dem Schlaf. Für einen Moment war ich vollkommen desorientiert, wusste nicht, wo ich war und dachte dann, ich hätte verschlafen. Doch ehe ich mich versah, begann mein rechtes Ohr wieder zu schmerzen. Es war, als hätte mein Körper eine innere Uhr, die genau zu dieser Zeit Alarm schlug.

In meinem Traum hatte ich mich um einen Bären gekümmert. Es war eine seltsame, fast surreale Szenerie: Ich war der Hüter des Bären und um uns herum waren Freunde und eine Art Veranstaltung. Es war, als hätte mein Unterbewusstsein eine bizarre Party geschmissen, zu der ich eingeladen wurde. Als ich aufstand, spürte ich, dass mein rechtes Ohr komplett zugeschwollen war. „Oh man...“, seufzte ich. Es war, als würde mein Körper mir immer neue Rätsel aufgeben, die es zu lösen galt. Trotz der körperlichen Unannehmlichkeiten fand ich einen Weg, mich auf den neuen Tag einzustellen, bereit, den Herausforderungen zu begegnen, die er mit sich bringen würde.

Humorvolle Gedanken zum geöffneten Sexualchakra - Kundalini

Meine erste Lieblingsstunde am Morgen entwickelt sich zunehmend zu einer Sucht – einer guten Sucht, möchte ich hinzufügen. Es gibt nichts Vergleichbares, als wenn ich jeden Muskel, jede Faser meines Körpers spüre und mich so lebendig fühle. Jede Grenze meines Körpers scheint sich auszuweiten und mir neue Räume der Freiheit und Stärke zu eröffnen.

Obwohl ich den ganzen Tag kaum etwas verstand, denn mein rechtes Ohr war immer noch zugeschwollen und ich hatte mir erneut kolloidales Silber ins Ohr gelegt, ließ ich mich davon nicht unterkriegen.

Das Frühstück fiel heute wieder etwas spärlich aus. Meine
Gedanken waren schon bei der nächsten Unterrichtsstunde.
Und dann kam mein zweiter Lieblingsunterricht: Kundalini.
Jede Session ist wie eine Achterbahnfahrt der Emotionen und
Empfindungen. Manchmal denke ich, ich werde gleich verrückt
vor Energie und Lebendigkeit. Heute war es, als wäre ich von
Wasser umgeben. Zuerst befand ich mich in einem leeren
Jacuzzi. Dann löste sich dieser auf und ich fand mich inmitten
eines Ozeans wieder.
Der Kundalini-Lehrer beobachtete mich und sagte mit einem
Lächeln: „Wunderbar, das zweite Chakra ist geöffnet." Das
Sakral- oder Sexualchakra hatte sich entfaltet und ich war
überwältigt von dieser intensiven Erfahrung. Es war ein echtes
Wunder, wie sich die Energien in mir bewegten und
transformierten.
Ich hatte diese Worte erstmal aufgenommen und dann hallten
sie noch einmal nach: Wie mein Kundalini-Lehrer mir mitgeteilt
hatte, mein Sexualchakra geöffnet sei... ,so konnte ich mir ein
Schmunzeln nicht verkneifen. „Na toll", dachte ich mir, „was
soll ich hier in Rishikesh mit einem geöffneten Sexualchakra?"
Es war eine dieser humorvollen Gedankenspiele, die einem in
den Sinn kommen, wenn man sich auf so einer intensiven
spirituellen Reise befindet.
Ich malte mir aus, wie ich durch die Straßen von Rishikesh
spaziere. Mein geöffnetes Chakra wie ein unsichtbares,
leuchtendes Schild über mir schwebend. „Achtung, frisch
geöffnetes Sexualchakra im Anmarsch!", hätte darauf stehen
können. Die Vorstellung war so komisch, dass ich kaum an
mich halten konnte.
Es war eine lustige Abwechslung zu den ernsteren,
tiefgründigeren Momenten des Tages und erinnerte mich
daran, dass es inmitten aller spirituellen Entwicklungen immer
wichtig ist, auch mal über sich selbst und die manchmal
skurrilen Aspekte des spirituellen Weges zu lachen.

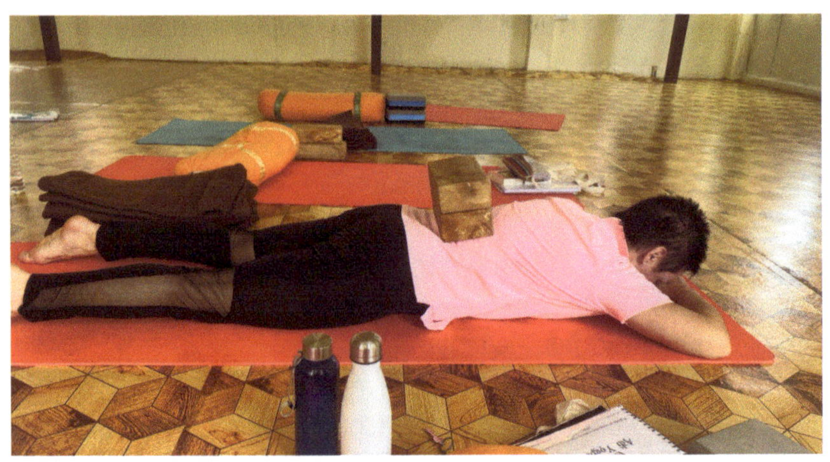

Souvenirs, Friseurbesuche und spontane Fotoshootings
Nach dem Lunch beschloss ich, mich ins Getümmel von
Rishikesh zu stürzen. Langsam begann ich, in kleinen
Abschnitten sogar auf Englisch zu denken – ein Zeichen dafür,
wie sehr ich mich bereits in die Kultur eingelebt hatte. Mein
Ziel war es, Souvenirs und die coolen T-Shirts zu kaufen, die
einige meiner Mitstreiter bereits ergattert hatten. Aber
irgendwie fand ich den Laden nicht. Stattdessen wurde ich
immer wieder angehalten und gefragt, ob man ein Foto mit mir
machen könnte. Manchmal fühlte ich mich wie ein Alien, das
gerade auf der Erde gelandet war, so intensiv waren die
Blicke.

Diese Erfahrung erinnerte mich an meine Zeit in China. Dort
war ich auch oft wie eine Kuriosität behandelt worden. „Wieder
ein Tag als interkulturelle Attraktion", dachte ich mir lachend.

Zwischendurch keimte in mir der Wunsch auf, einen Friseur zu
finden. Ich hatte so ein Gefühl, dass es heute klappen würde.
Und tatsächlich – wieder einmal zeigte sich, dass
Visualisierung und Vertrauen Wunder bewirken können. Ich
fand einen Friseursalon und ließ mich darauf ein, trotz der
stumpfen Schere und des kärglichen Kammes.

Die Krönung war die Kopfmassage, die sich bis auf meinen
Rücken und meine Arme ausdehnte. Es war himmlisch! Ich bin
ein großer Fan von Massagen und könnte wirklich rund um die
Uhr massiert werden. Für das ganze Vergnügen zahlte ich nur
400 Rupien, umgerechnet etwa 5 Euro. Ich gab dem Friseur
ein ordentliches Trinkgeld und seine leuchtenden Augen zu
sehen, war für mich ein wahres Geschenk.

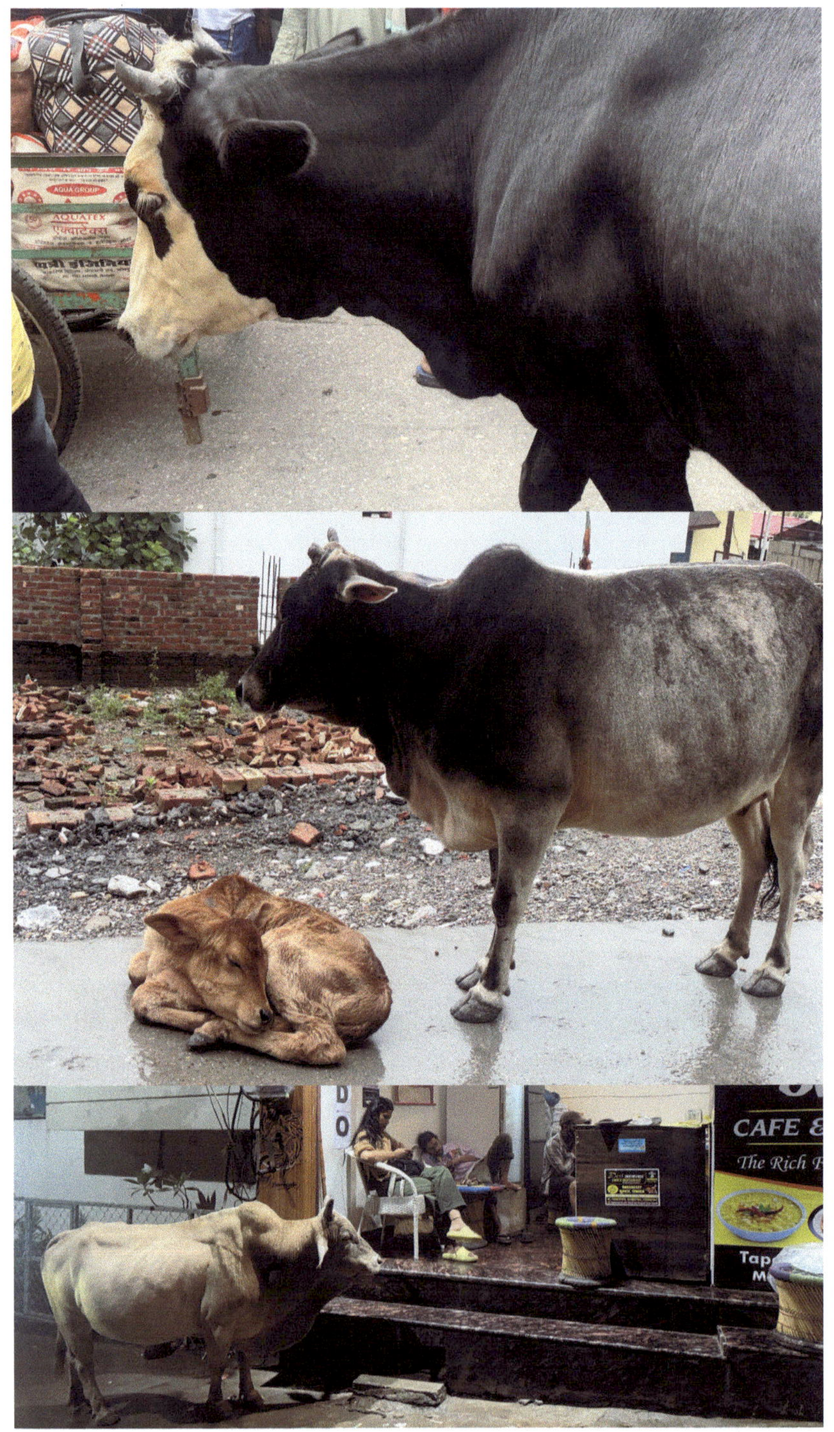

तीर्थनगरी ऋषिकेश आगमन पर
आपका हार्दिक स्वागत है।
अधिशासी अभियन्ता, लोक निर्माण विभाग नरेन्दनगर (टिहरी गढ़वाल)
उत्तराखण्ड सरकार एवं टीएचडीसी इंडिया लि0
देवभूमि आगमन पर
आपका हार्दिक स्वागत करते है

Regenumzug, Suppendinner und Pranayama-Herausforderungen

Für die letzte Unterrichtsstunde des Tages mussten wir unseren Raum wechseln, da der Regen so heftig gegen die Fenster trommelte, dass wir unser eigenes Wort kaum verstehen konnten. Es war, als würde der Monsun persönlich unseren Unterricht stören wollen. Zum Dinner entschied ich mich nur für eine Suppe, die überraschend lecker war. Mein Appetit war immer noch nicht zurückgekehrt, aber diese kleine Mahlzeit war genau das Richtige. Danach widmete ich mich meinem Workbook und arbeitete die Pranayama-Stunden akribisch auf. Ich schrieb alles gründlich ab und verarbeitete die Inhalte. Unsere Pranayama-Lehrerin war ziemlich streng und obwohl ich fast 50 Jahre alt bin, spürte ich eine gewisse Ehrfurcht vor ihr. „Komisch, dass man in meinem Alter noch solchen Bammel haben kann", dachte ich mir schmunzelnd. Mein Rücken erinnerte mich noch an die Anstrengungen der ersten Stunde des Tages. Ein schöner Schmerz, der mir zeigte, dass ich lebendig und aktiv war. Dann kümmerte ich mich noch schnell um die Wäsche. Gestern hatte ich mitten im Waschen plötzlich kein Wasser mehr gehabt, also wollte ich das heute unbedingt erledigen.

Als ich mich schlafen legte, war es schon wieder fast 22 Uhr. Trotz der kleinen Widrigkeiten und Herausforderungen des Tages fühlte ich mich zufrieden und erfüllt. Es war ein weiterer Tag voller Lernen, Wachsen und Spüren. Und ich freute mich schon auf das, was der nächste Tag bringen würde.

Nächster Tag: Verschlafen und Träume von der Vergangenheit

Dieser Morgen begann anders als die anderen: Ich hatte verschlafen! Der Wecker hatte geklingelt, aber ich hatte ihn nicht gehört – wahrscheinlich war er zu leise für mein rechtes Ohr eingestellt.

Um 05:13 Uhr klopfte es plötzlich an meiner Tür, was mich schließlich aufweckte. In der Nacht hatte ich von meiner alten Arbeitsstelle geträumt und es war ein wunderbarer Traum. Meine Lieblingskollegin war darin und wir hatten zusammen so viel Spaß. Doch dann nahm der Traum eine unerwartete Wendung: Ich küsste meinen Chef in einer Ecke und genau in diesem Moment sah uns meine Lieblingskollegin. Ich reagierte nur mit einem entspannten „Macht nichts, ich bin ja nur zur Aushilfe hier." „Nun ja, das hat man wohl davon, wenn das Sexualchakra offen ist", dachte ich mir schmunzelnd, als ich mich hastig anzog. Es war ein skurriler, aber irgendwie auch amüsanter Start in den Tag. Diese lebhaften Träume waren ein deutliches Zeichen dafür, dass meine innere Energie in voller Blüte stand. Trotz des Verschlafen, was ich absolut furchtbar finde, machte ich mich mit einem Lächeln auf den Lippen und dem Gedanken an meinen amüsanten Traum, schnell bereit, den neuen Tag in Angriff zu nehmen. Es versprach, wieder ein Tag voller Überraschungen, Lernen und vielleicht sogar ein wenig Magie zu werden.

Vertiefung in Kapal Bhati und regnerische Überraschungen

Der Tag setzte sich fort mit einer Reihe von „Wow"-Momenten, nicht nur in der Ersten, sondern auch in der zweiten Stunde. Hier vertiefte ich mich in meine Lieblingsatemtechnik: Kapal Bhati. Es war eine kraftvolle Erfahrung, als ich 299 Wiederholungen durchführte. Ich spürte jede Bewegung meiner Bauchmuskeln und den sanften Druck in meinem unteren Rücken. „Ja, das ist genau meins", dachte ich mir. Es war eine Bestätigung dafür, dass es so einfach ist, sich mit einfachen, aber kraftvollen Übungen, sich fit, gesund und jung zu halten.
An diesem Tag gab es noch eine weitere Überraschung: Der Regen. Er fiel unentwegt vom Himmel, als hätte jemand einen endlosen Wasserhahn aufgedreht.

Sogar einer der Lehrer bemerkte, dass es so heftig noch nie geregnet hatte. Der Regen schuf eine fast mystische Atmosphäre und ich fühlte mich, als wäre ich Teil eines alten Naturrituals. Trotz des Wetters fand ich eine innere Wärme und Energie, die durch die Praxis von Kapal Bhati und die intensiven Yoga-Sitzungen genährt wurde. Es war, als würde der Regen nicht nur die Erde, sondern auch meine Seele reinigen und erneuern.

Flug durch die Chakren und eine Reise in andere Welten
Der Kundalini-Unterricht an diesem Tag war eine wahre Offenbarung. Mit geschlossenen Augen erlebte ich einen atemberaubenden Sonnenaufgang, so lebendig und farbenprächtig, als ob ich ihn wirklich vor mir sehen würde. Plötzlich fühlte ich mich, als würde ich fliegen, schwebend und frei. In diesem Moment wusste ich, dass ein weiteres Chakra sich geöffnet hatte: das Solarplexuschakra.
Die Energie, die durch mich strömte, war überwältigend. Mein Körper vibrierte förmlich vor innerer Kraft und Energie. Während wir in einer besonderen Meditationssitzung mit einer bestimmten Mudra, einer Handhaltung, verweilten, fand ich mich in einer ganz anderen Welt wieder. Es war, als hätte ich eine verborgene Tür in meinem Bewusstsein aufgestoßen und betrat nun einen Raum voller Wunder und unendlicher Möglichkeiten. Der Lehrer beobachtete mich und sagte: „Nicht aufhalten, lass es fließen." Es war, als hätte er erkannt, dass ich gerade eine tiefgreifende spirituelle Erfahrung durchlebte. Mein südkoreanischer Mitstreiter war immer wieder erstaunt und fast ungläubig darüber, was sich in meinen Meditationen und Übungen abspielte. Sein Staunen war ein Spiegel der außergewöhnlichen Energie, die sich in mir entfaltete. Dieser Kundalini-Unterricht war nicht nur eine Stunde der körperlichen Übung, sondern eine Reise durch die Tiefen meiner Seele, ein Tanz mit den kosmischen Energien, die in mir schlummerten.

Energiereiche Pausen und himmlische Massage

Zum Mittagessen aß ich nur wenig, aber ich spürte, dass dies wahrscheinlich mit den intensiven Energien zu tun hatte, die ich durch die Kundalini-Praxis erfahren hatte. Im Kundalini-Buch wird ähnliches beschrieben und es schien, als würde mein Körper genau darauf reagieren. In der Mittagspause nahm ich mir Zeit, um mich um mein Ohr zu kümmern. Dann gönnte ich mir direkt gegenüber der Schule eine einstündige Massage. Es war eine prächtige Erfahrung. Jede Berührung, jeder Druckpunkt fühlte sich an, als würde er meine müden Muskeln und meine Seele gleichzeitig erfrischen. Ich genoss jede Sekunde dieser himmlischen Behandlung.

Die Massage kostete 1800 Rupien, aber ich gab 2000 – inklusive Trinkgeld. Die Masseurin war völlig perplex, als sie das Geld sah. Meine Großzügigkeit von umgerechnet etwa 25 Euro schien sie zu überraschen, aber es fühlte sich richtig an, meine Dankbarkeit so auszudrücken. Nach der Massage legte ich mich hin, um mich etwas auszuruhen – das war zumindest der Plan. Doch stattdessen schlief ich tief und fest ein, vollkommen erschöpft von den intensiven Erlebnissen des Tages und den kraftvollen Energien, die mich durchströmten.

Ein müder Abend und die Schmetterlinge am Ganges

Die letzte Unterrichtsstunde des Tages verlief ruhig, fast schon meditativ. Ich spürte, wie die Müdigkeit sich langsam in meinen Körper schlich, begleitet von leichten Kopfschmerzen. Trotz meiner reduzierten Nahrungsaufnahme hatte sich mein Körpergewicht noch nicht merklich verändert. „Vielleicht absorbiere ich all das Regenwasser", scherzte ich in Gedanken.

Beim Abendessen war ich in einer nachdenklichen Stimmung. Die Ereignisse der Woche hatten mich tief berührt und ich fühlte mich gleichzeitig erschöpft und erfüllt. „Morgen muss ich wirklich darauf achten, den Wecker richtig zu stellen", dachte ich mir, denn ein Ausflug stand an.

Die Zeit in Rishikesh verging wie im Flug, jede Woche brachte neue Erlebnisse und Einsichten.

Gestern, als ich zum Ganges ging, erlebte ich einen magischen Moment. Eine Schar gelber Schmetterlinge umschwirrte mich, flogen immer vor mir her. Es war, als würden sie mich auf meinem Weg begleiten, ein Zeichen der Leichtigkeit und Freiheit. Ich fragte mich, welche Botschaft sie wohl für mich hatten. „Ein Zeichen, aber welches?", sinnierte ich, während ich die Schmetterlinge beobachtete. Der Tag klang aus mit diesen Gedanken an die Schmetterlinge, Symbole der Verwandlung und Erneuerung, die so passend zu meiner eigenen Reise in Rishikesh schienen.

"Rishikesh: Ein Zwischenfazit meiner spirituellen Entdeckungsreise"

Meine Zeit in Rishikesh war eine Achterbahnfahrt der Emotionen und Erfahrungen, jede voller Intensität und Tiefe. Während der Yoga- und Meditationsstunden erlebte ich Momente unglaublicher Verbundenheit mit meinem Körper und Geist. Das Gefühl, meinen Puls im Kopf zu spüren, während ich atmete, war überwältigend – eine kraftvolle Erinnerung an die lebendige Energie, die durch mich fließt. Das Erlebnis, die Chakren zu spüren und wie sie sich öffnen, war eine Offenbarung. Es war, als würde ich eine versteckte Welt in mir selbst entdecken, voller Energie und spiritueller Kraft. Diese Momente der Chakra-Öffnung waren gleichzeitig erhebend und tiefgreifend. Die Herausforderungen der Umgebung waren fast unbeschreiblich.

Die Schule war einfach, oft regnete es hinein, aber die Menschen dort waren unglaublich nett, freundlich und zuvorkommend. Ich fühlte mich dankbar für das Privileg, unter besseren Bedingungen leben zu dürfen und diese Dankbarkeit vertiefte meine Erfahrungen noch mehr.

Eines Abends, als ich dem Klang des „OM" lauschte, hatte ich das Gefühl, in einem Kokon gefangen zu sein und daraus ausbrechen zu wollen. Es war ein Moment tiefer Reflexion und Selbsterkenntnis, als würde ich mich darauf vorbereiten, in eine neue Phase meines Lebens zu treten.

Die Astrologie-Session war ein weiterer Wendepunkt. Sie öffnete Türen zu neuen Erkenntnissen und Möglichkeiten, brachte mich meinem wahren Selbst näher und gab mir Einblicke in meine Lebensaufgabe. Diese Sitzung war mehr als eine Beratung; sie war eine spirituelle Erweckung, die mir zeigte, wie ich meine innere Kraft nutzen und meinen Weg in dieser Welt gehen kann.

Meine Zeit in Rishikesh ist bisher nicht nur geprägt von spirituellem Wachstum und tiefen Yoga-Erfahrungen, sondern auch von körperlichen Herausforderungen. Vor allem mein rechtes Ohr stellte sich als ein ständiges Rätsel dar – mal war es zugeschwollen, mal schmerzte es, was mich oft in meiner Fähigkeit, dem Unterricht zu folgen, einschränkte. Dazu gesellten sich gelegentliche Kopfschmerzen, die mich daran erinnerten, dass körperliche Beschwerden und spirituelles Wachstum oft Hand in Hand gehen.

Neben den körperlichen Herausforderungen ist meine Zeit in
Rishikesh auch geprägt von den einzigartigen
Geräuschkulissen und Begegnungen. Das nächtliche
Hundegebell wurde zu einem regelmäßigen Soundtrack
meiner Nächte – eine ständige Erinnerung an die lebendige
und unvorhersehbare Natur dieser Stadt. Tagsüber waren es
die Kühe, die überall präsent waren und sich ihren Weg durch
die Straßen bahnten. Diese Begegnungen mit den Tieren
waren sowohl faszinierend als auch amüsant und wurden Teil
meines täglichen Lebens in Rishikesh.

**Die nächste Etappe: Träume, Turbulenzen und
Selbstreflexion**

Wieder einmal war es eine dieser Nächte in Rishikesh, die ich
so schnell nicht vergessen werde. Ich schreckte mehrmals
hoch, verfolgt von einem Traum, der mich tief berührte und
verwirrte. Ich träumte, dass ich nach Hause kam und mein
Mann mir offenbarte, dass er eine andere Frau habe – und
das Schlimmste daran, sie hatten Sex in unserem Ehebett.
Der Traum führte mich zu einer Feier, wo ich mich zurückzog
und eine alte Freundin, die ich noch aus der Kindheit meiner
Tochter kannte, mir etwas brachte.
Dann sah ich meinen Mann mit dieser anderen Frau – eine
junge, plüschige Gestalt mit Zahnspange und Brille, ein
Spiegelbild dessen, wie ich selbst einmal aussah (natürlich
nicht ganz so schlimm). Sie lachte mich aus und sagte, mein
Mann habe sie gebeten, noch etwas Geduld zu haben, bis er
mich verlassen würde. In meinem Traum stieß ich sie von
einer Mauer und erwischte sie später im Bett mit meinem
Mann. Er sagte ihr - sie solle das Schwimmbad putzen, doch
sie klammerte sich an seine Hose... er gab nach und sagte:
„Ach, jetzt ist es auch egal.“

Ich stand um 4 Uhr auf, noch ganz in Gedanken an diesen Traum. Während ich mich für den Unterricht fertig machte, grübelte ich über die Bedeutung des Traums nach. Was wollte er mir sagen? Fühlte ich mich in meiner Beziehung nicht wertgeschätzt oder beachtet? Die letzten drei schwierigen Jahre hatten sicherlich ihre Spuren hinterlassen. Dieser Tag begann mit einer Mischung aus Selbstreflexion und der Frage, welche Botschaft dieser Traum für mich bereithielt. Ich war bereit, mich den Herausforderungen des Tages zu stellen, während ich noch immer über die tieferen Bedeutungen meiner nächtlichen Visionen nachdachte.

Emotionale Tiefen und spirituelle Erkenntnisse
Die erste Stunde heute Morgen verlief etwas enttäuschend. Nach einem so intensiven Traum hätte ich mir mehr körperliche Herausforderungen gewünscht, etwas, das mir hilft, die emotionale Belastung zu verarbeiten. Stattdessen goss es wieder so stark, dass wir kaum etwas hören konnten – der Monsun machte uns wieder einmal einen Strich durch die Rechnung. Die restlichen Stunden waren okay, aber ich wartete sehnsüchtig auf den Kundalini-Unterricht, in der Hoffnung auf weitere bedeutende Erlebnisse. Und tatsächlich, während der Schlangenübung spürte ich unglaubliche Vibrationen. Es war ein Gefühl, als würde jede Zelle meines Körpers mitschwingen. Als die Sonne sich kurz blicken ließ, saß ich vor meinem Zimmer und genoss die warmen Strahlen. Beim OM-Singen am Abend fühlte ich mich erneut in einem Kokon gefangen und spürte den starken Drang, daraus auszubrechen. Nach dem Mittagessen war ich extrem müde. Ich wollte lernen, schlief aber immer wieder ein. Endlich konnte ich auch eine dringende körperliche Notwendigkeit erledigen – bisher eine echte Katastrophe.

„Im wahrsten Sinne des Wortes echt scheiße", dachte ich mir und musste trotz der Umstände lächeln.

Ich fühlte mich körperlich und mental erschöpft. Ein Videogespräch mit meiner lieben Freundin am Nachmittag war ein Lichtblick. Beim Abendessen spürte ich, wie sich etwas in mir regte und als ich später im Buch las, flossen Tränen.

Während der Meditation kamen Bilder hoch, die mich überwältigten. Ich wollte all das nicht mehr. Ich erkannte, dass das Leben leicht sein kann. Ich fragte mich, ob ich wirklich Teil der Welt der Menschen um mich herum war oder ob ich nur versucht hatte, Teil davon zu sein. Die Einfachheit der Kommunikation, des Miteinanders – was war geschehen, was hatte ich erlebt, was konnte ich tun? Eine Flut von Gedanken und Gefühlen übermannte mich, aber zugleich spürte ich, dass Klarheit näher rückte. Im Zentrum meiner Gedanken stand die Frage nach meiner Rolle und meiner Identität in dieser Welt. War ich wirklich aktiv und bewusst Teil des Lebens der Menschen um mich herum? Oder hatte ich nur versucht, mich in eine Gemeinschaft einzufügen, die mir fremd blieb? Diese Meditation war mehr als eine Übung; sie war ein Spiegel meiner Seele, der mir zeigte, wie ich mich selbst und meine Beziehungen zu anderen wahrnahm.

Ich erkannte, dass ich mein Leben lang stets alles gegeben hatte – meine Energie, meine Unterstützung, meine Liebe. Doch hatte ich dabei mich selbst vernachlässigt? Hatte ich mir erlaubt, meine eigenen Bedürfnisse und Wünsche zu erkunden? Die Meditation brachte diese Fragen an die Oberfläche und ich fühlte mich wie ein Wanderer, der an einem Scheideweg steht. Die Tränen, die ich weinte, waren nicht nur Tränen der Traurigkeit, sondern auch der Befreiung. Sie waren ein Zeichen dafür, dass ich anfing, die Lasten, die ich so lange getragen hatte, abzulegen. In diesem Moment der Stille und der Reflexion fühlte ich, wie sich langsam ein neues Verständnis meines eigenen Weges formte.

Diese Nacht war eine Reise – nicht nur durch die Dunkelheit der Nacht, sondern auch durch die Dunkelheit meiner eigenen Zweifel und Ängste. Doch wie bei jeder Reise gab es auch hier Lichtblicke, Momente der Klarheit, die mir zeigten, dass ich auf dem richtigen Weg war. Ich spürte, dass ich dabei war, mich zu öffnen, bereit für die Veränderungen und Möglichkeiten, die das Leben für mich bereithielt. In dieser Nacht, umhüllt von den Schatten meiner Träume und Gedanken, erkannte ich, dass jede Träne, jedes Lächeln und jeder Atemzug Teil meines Weges zur wahren Selbstfindung war – ein Weg, der mich lehrte, dass das größte Abenteuer nicht in der Welt um mich herum, sondern tief in meinem eigenen Herzen zu finden ist."

Nächster Tag: Yoga-Knoten, Nasenspülung und eine Nacht voller Tanz

"Gut, dass ich mich an meinen Traum nicht erinnere, ich brauche wirklich mal eine Pause von diesen nächtlichen Abenteuern", dachte ich mir, als ich schon kurz nach 3 Uhr morgens wach wurde. Eine Meditation mit schönen Vorstellungen und Herz-Hirn-Kohärenz half mir, entspannt in den Tag zu starten.

In der ersten Stunde Yoga verwickelte der Lehrer meine Beine in solch komplizierte Positionen, dass ich mich fragte, ob ich jemals wieder herauskommen würde. „Ich wusste gar nicht, dass ich so lange Beine habe", dachte ich mir, während ich mich fragte, wie ich sie jemals wieder entknoten sollte. Aber, oh Wunder, genau das tat meinem unteren Rücken gut! Die zweite Stunde widmeten wir uns wieder der intensiven Nasenspülung, die ich mittlerweile richtig genieße. Dann kam das Experiment mit dem 'Rubel' durch die Nase – aber ich endete nur würgend und kämpfend, sodass ich das Experiment abbrach.

Die Lehrerin war nicht begeistert, aber ich dachte: „Mit fast 50 muss ich doch kein Bammel haben. Ich lebe sicherlich auch ohne diese Übung weiter."

Nach dem Mittagessen gab es eine kleine Ruhepause, in der ich meditierte und kurze Muskeltrainingseinheiten einbaute, um mich ein wenig zu erholen. Auch meine Ohren bearbeitete ich weiter – es wurde schon besser.

Am Abend gingen wir dann zu fünft auswärts essen. Es war mega lecker und danach zog es uns sogar in eine Bar mit Musik bis 22 Uhr. Draußen und dann drinnen tanzten wir, als gäbe es kein Morgen. War das eine Befreiung oder einfach ein Tanz der verrückten Sinne? Und das alles mit Tee statt Alkohol!

Mit meinen Ohren – mittlerweile waren beide betroffen – fühlte ich mich wie jemand, der nichts hört und taubstumm ist. „Vielleicht sollte ich anfangen, Gebärdensprache zu lernen", scherzte ich, während ich mir vorstellte, wie ich versuchte, mich mit wilden Gesten zu verständigen. Morgen wird der geplante Ausflug leider nicht stattfinden. Es gab einen Erdrutsch, also haben wir morgen erst um 08:30 Uhr Frühstück. Eine unerwartete, aber willkommene Gelegenheit, ein wenig länger zu schlafen.

Nächster Tag: Frühe Meditationen und ein emotionales Lied

Auch an diesem Morgen waren es wieder meine Ohren und mein unruhiger Schlaf, die mich früh, um genau 04:35 Uhr, weckten. Ich nutzte die stille Morgenstunde für eine Meditation, ließ meine Gedanken schweifen und träumte vor mich hin. Dabei fand ein ganz besonderes Lied den Weg zu mir, oder besser gesagt, es fand mich. Es war ein altes Lied, das mich tief berührte und mir Tränen in die Augen trieb. Der Inhalt des Liedes sprach zu mir, erinnerte mich daran, dass nichts, aber auch gar nichts im Leben zufällig passiert.

Jetzt bist Du sicher neugierig, welches Lied es war. Es ist „Das Würfelspiel" von Juliane Werding, ein Lied, das so viel mehr als nur Melodie und Worte beinhaltet. Ich richtete mich langsam für den neuen Tag her. Draußen prasselte der Regen, ein ständiger Begleiter in Rishikesh. Doch anstatt mich davon unterkriegen zu lassen, empfand ich eine Art Gelassenheit. Der Regen wurde Teil meiner morgendlichen Routine, ein erfrischender Kontrast zur inneren Ruhe, die ich in meiner Meditation gefunden hatte.

Ein überraschendes Sound Healing
Da der geplante Ausflug nicht stattfand – und wie ich immer wieder feststelle, gibt es im Leben keine Zufälle und nichts geschieht ohne Grund – begann unser Tag mit einer Sound Healing-Session. Es war eine Erfahrung, die sich kaum in Worte fassen lässt: schräg, krass, unglaublich und zugleich magisch. Die Vibrationen der Klänge durchdrangen mich und ich spürte, wie jede Zelle meines Körpers mitschwang. Am Hinterkopf hatte ich das Gefühl, als wäre mein Schädel zu klein für all das, was sich dort an Energien und Wachstum ansammelte. Bilder tauchten vor meinem inneren Auge auf, so lebhaft und doch unerklärlich. Dann, in einem unerwarteten Moment der Klarheit – zack – war mein Ohr plötzlich komplett frei. Ich bin mir sicher, dass es die magischen Vibrationen waren, die diese Veränderung bewirkten. Es war, als hätte das Sound Healing nicht nur meinen Geist, sondern auch meinen Körper berührt und geheilt. Das gemeinsame Frühstück im Anschluss war besonders schön. Wir waren eine kleine Gemeinschaft, die so groß sich anfühlte. Alle, die gerade in der Schule Unterricht hatten, kamen zusammen. In diesem Moment fühlte ich mich mehr verbunden, nicht nur mit den anderen, sondern auch mit der Sprache und Kultur hier. „Ich verstehe ein bisschen mehr", dachte ich mir, ein Gefühl der Zugehörigkeit und des Fortschritts in mir wachsend.

Adi Yogpeeth

Abschiede und Erlebnisse

Heute mussten wir Abschied von einer Mitstreiterin nehmen, mit der ich eine besondere Verbindung gespürt hatte. Sie war diejenige, die mich gleich zu Beginn ansprach, weil sie meine Energien so wundervoll fand. Beim Abschied schenkte sie mir ein kleines, aber bedeutungsvolles Geschenk, das mich tief berührte und mir zeigte, wie stark die Verbindungen waren, die ich hier aufgebaut hatte.

Den Rest des Tages verbrachte ich damit, an meiner Webseite zu arbeiten und im Kundalini-Buch zu lesen. Plötzlich überkam mich eine Welle der Müdigkeit, aber ich hatte mich bereits mit einer anderen Mitstreiterin zu einem Sound Healing außerhalb der Schule verabredet.

Die Session war allerdings enttäuschend. Nach zwei Stunden entschied ich mich, mit der Ausrede eines wichtigen Zoom-Meetings, zu gehen. Es gab ein Missverständnis bezüglich der Vorbesprechung: Ich hatte gedacht, es handele sich um eine Schnupperstunde, aber dann sollte ich 100 Dollar bezahlen. In den darauffolgenden SMSen mit dem Veranstalter wurde es dann richtig spannend. Ich lernte, dass man nicht immer sofort reagieren muss. Schließlich sah er ein, dass der Preis unangemessen war und akzeptierte mein Gegenangebot, das immerhin auch noch eine stattliche Summe war.

Bauchgefühl, Heimweh und regnerische Lernstunden
Heute wurde mir wieder einmal klar: Mein Bauchgefühl ist ein verdammt guter Ratgeber! Ich hätte wirklich darauf hören sollen, anstatt aus Höflichkeit an dem Sound Healing außerhalb der Schule teilzunehmen. „Nächstes Mal höre ich auf meinen Bauch – egal, wie unhöflich das sein mag", dachte ich mir, während ich über die Ironie der Situation schmunzeln musste.
Am Nachmittag packte mich überraschend ein wenig Heimweh. Als ich mit meiner Tochter telefonierte, kämpfte ich mit den Tränen – eine Herausforderung, die nicht in meinem üblichen Yoga-Programm steht. Zum Lernen für die anstehende Prüfung konnte ich mich kaum motivieren. Ich war müde, draußen regnete es unentwegt und ich fühlte mich irgendwie voll und pummelig. Dazu gesellten sich leichte Kopfschmerzen – mein Körper schien unermüdlich zu arbeiten und zu verarbeiten. „Heute ist offensichtlich einer dieser Tage, an denen man sich am liebsten mit Tee und Räucherstäbchen verkriechen würde", dachte ich mir. Durch die SMS-Kommunikation wegen des Sound Healings lernte ich noch etwas: Klare Kommunikation ist entscheidend und manchmal muss man einfach seinen Standpunkt vertreten.

Während ich so da saß, schwirrten mir tausend Gedanken durch den Kopf – über das Leben, die Liebe, die Lernerei und darüber, wie man in Rishikesh im Regen pummelig aussieht.

Nächster Tag: Gewitternächte und ungeplante Morgenrituale

Die Nacht war durchdrungen von der Magie eines heftigen Gewitters, das so intensiv war, dass an Schlaf kaum zu denken war. Blitz und Donner erfüllten den Himmel und die Welt schien für einen Moment stillzustehen, gebannt von der Kraft der Natur. Und als wäre das nicht genug, fiel das Licht aus und ich fand mich in völliger Dunkelheit wieder.

Am Morgen war, wie so oft, kein warmes Wasser verfügbar. Aber zum Glück hatte ich mir durch meine winterlichen Ostseebäder eine gewisse Resilienz gegenüber kaltem Wasser angeeignet. „Wahrscheinlich ein gutes Training für solche Momente", dachte ich mir, während ich das kalte Wasser tapfer über mich ergoss.

Dann fiel der Strom komplett aus, kein Ventilator, kein Licht, nichts. Die ersten beiden Unterrichtsstunden fielen aus, weil die Lehrer aufgrund des Wetters nicht zur Schule kommen konnten. „Und dafür bin ich aufgestanden", murmelte ich, halb belustigt, halb enttäuscht.

Meine Trainingshose, meine Barfußschuhe und sogar meine Waschtasche mussten dringend gewaschen werden. Die Feuchtigkeit hatte bereits ihre Spuren hinterlassen und leichte Stockflecken verursacht.

Da wir nun alle wach waren, nutzten wir die Zeit, um gemeinsam und auch alleine zu üben. Es war ein ungewöhnlicher Morgen, der uns lehrte, flexibel und kreativ mit unvorhersehbaren Situationen umzugehen. Trotz der Absagen und des Stromausfalls fanden wir einen Weg, unsere Praxis fortzusetzen – ein Beweis dafür, dass echte Magie oft in den unerwarteten Momenten liegt.

Energetische Wunder und 'glückliche' Missgeschicke
Die Kundalini-Stunde begann heute eher unscheinbar und ich
dachte mir: „Na super, wird wohl ein ruhiger Tag." Aber dann –
Bäm! – fing ich an, heftige Vibrationen in meinen Armen zu
spüren. Es war, als hätte jemand meine Arme mit einer
unsichtbaren Energiequelle verbunden und die Energie strömte
weit über meine Haut hinaus. „Wow, fühlt sich an, als hätte ich
Superkräfte bekommen", dachte ich mir begeistert.
Nachdem ich dem Lehrer stolz von meinem Energieschub
berichtete, erinnerte er mich daran, diese Kraft innerlich zu
fokussieren. „Okay, Superhelden-Training: Energie bündeln",
nahm ich mir vor.
Später, in meiner freien Stunde, wollte ich mir eine SIM-Karte
kaufen, aber der Laden war zu. „Natürlich, warum einfach,
wenn's auch kompliziert geht", murmelte ich. Auf dem Rückweg
passierte es dann: Ich trat in einen Kuhfladen. „Oh nein, jetzt
habe ich den Salat... oder besser gesagt, den Kuhfladen",
lachte ich und erinnerte mich an den alten Aberglauben: „Das
bringt Glück!" Na, wenn das mal kein Zeichen ist, dachte ich mir
und hüpfte fast fröhlich weiter, als wäre ich über einen Goldtopf
gestolpert.
Nach meinem kleinen 'Kuhfladen-Abenteuer' machte ich mich
schnell daran, meine Füße zu baden.
Der Vormittag brachte dann auch endlich Erfolg in einer
anderen, dringenden Angelegenheit – dank einer kleinen „Hilfe"
konnte ich endlich wieder aufs Klo gehen. „Perfektes Timing",
dachte ich mir ironisch, als ich gerade eine Pause machen
wollte. Später versuchte ich erneut, T-Shirts zu kaufen, jetzt, da
ich wusste, wo der Laden war. Ohje – die Brücke war gesperrt!
Und eine Menschenmenge.
Also schlenderte ich auf meiner Seite herum und kaufte ein
paar Souvenirs. Auf dem Rückweg entdeckte ich dann einen
Laden mit Telefonen und SIM-Karten. „Yippie!", freute ich mich,
aber der Preis von 800 Rupien stimmte mich nachdenklich.
Hatte nicht jemand von 80 Rupien gesprochen?

Nach der letzten Meditationsstunde und dem Abendessen überredete mich eine Mitstreiterin, die überteuerte SIM-Karte zurückzugeben. Der Verkäufer hatte keine günstigere, also tauschte ich die Karte gegen Bargeld um und wir machten uns auf die Suche nach einem anderen Laden. Aber natürlich gab es keinen anderen Laden in der Nähe.

Letztendlich entschied ich mich, die „alte" Karte doch wieder zu holen. „Egal jetzt, das sind dann 1 Euro pro Tag für die letzten Tage", sagte ich mir. Der Verkäufer schaute natürlich total verwirrt, als ich wieder auftauchte und die Karte zurückkaufte. „Das ist Rishikesh – man muss flexibel sein", dachte ich mir, während ich den Laden mit einem Lächeln verließ.

Nächster Tag: Schwankende Welten und Yoga-Herausforderungen

Als heute Morgen der Wecker klingelte, fühlte ich mich, als hätte mich ein Truck überrollt – so müde war ich. Die Zeit raste nur so dahin und dann traf mich dieses Schwindelgefühl wie ein Blitz aus heiterem Himmel. Selbst im Liegen drehte sich alles – als hätte ich eine wilde Nacht in einer Bar verbracht, ohne auch nur einen Tropfen Alkohol getrunken zu haben.

Am Nachmittag stürzte ich mich in eine Ashtanga-Yoga-Klasse, als gäbe es kein Morgen. Ich brauchte diese körperliche Anstrengung, um wieder ins Gleichgewicht zu kommen. „Wenn schon die Welt schwankt, dann wenigstens in der Yoga-Pose", dachte ich mir, während ich mich in die kompliziertesten Positionen verbog.

Die Prüfungsvorbereitung am Nachmittag war wie ein Kampf gegen Schlamm – alles fühlte sich so schwer und zäh an. Aber hey, wenigstens gab es eine tolle Überraschung in meinem Mailpostfach: einen Artikel über mich im Wirtschaftsforum-Magazin. „Wenigstens etwas läuft rund heute", freute ich mich.

Beim Abendessen hatte ich dann ein so tolles Gefühl – es war, als würde ich schweben. Eine tiefe Ruhe durchströmte mich, eine Art „Calming Down", das einfach nur mega war.

„Falls das mein neuer Normalzustand ist, bestelle ich bitte eine Dauerkarte", dachte ich mir, während ich das Essen genoss und über die verbleibenden Tage nachdachte, die nun einstellig wurden. Jeder einzelne Tag in Rishikesh war ein Geschenk und eine neue Gelegenheit, zu wachsen und zu lernen.

Nächster Tag: Nacht der intensiven Empfindungen
Als der Tag dem Ende zuging, legte ich mich ins Bett, umgeben von der stillen Dunkelheit meines Zimmers. Ich meditierte noch kurz, um meine Gedanken zur Ruhe zu bringen und stellte dann sanfte Musik ein, die mich in den Schlaf tragen sollte. Ich fühlte mich entspannt und gleichzeitig wachsam, als würde jeder Teil meines Körpers auf die Klänge reagieren. Dann, in einem unerwarteten Moment, fummelte ich mit meinen Füßen die Decke zurecht und legte meine Beine zurück aufs Bett. Plötzlich spürte ich, wie meine beiden Ohren zuschwellen. Am linken Ohr konnte ich die Musik nicht mehr hören. Anstelle des Klangs fühlte ich nur noch kraftvolle, intensive Vibrationen, die durch meinen ganzen Körper zogen. Es war ein seltsames, fast surreal anmutendes Erlebnis. Die Vibrationen schienen von innen zu kommen, als würden sie meine ganze Existenz durchdringen. Ich lag da, umhüllt von Stille und doch war ich erfüllt von diesen mächtigen, unsichtbaren Wellen der Energie. In diesem Moment der intensiven körperlichen Empfindung fühlte ich mich unglaublich lebendig. Trotz der Stille in meinen Ohren war ich verbunden mit etwas Größerem. Etwas, das weit über die Grenzen meines Zimmers hinausging. Es war, als würde ich an der Schwelle zu einer anderen Welt stehen, bereit, in einen Traum voller unentdeckter Wunder einzutauchen.

Triumph im Unterricht und emotionale Öffnungen

Der heutige Morgen begann mit einer unglaublich erfüllenden ersten Stunde. Mein Körper wurde herausgefordert und ich spürte jede Bewegung, jeden Atemzug. Es war, als würde jede Zelle in mir aufwachen und jubeln. In der zweiten Stunde kam dann der spannende Moment: das Ziehen unseres Prüfungsthemas. Ich hatte all meine Energie gebündelt, fokussiert auf das, was ich mir erhoffte. Und dann, wie durch ein Wunder, zog ich genau das Thema, das ich mir gewünscht hatte: Kapal Bhati. Mein Herz machte einen Sprung vor Freude. „Yippie!", dachte ich und unterdrückte gerade so den Drang, einen Freudentanz mitten im Klassenzimmer aufzuführen. Auch das zweite Thema war in Ordnung, aber Kapal Bhati – das war einfach perfekt für mich. Im Laufe des Tages stellte sich eine leichte Müdigkeit ein, aber im Kundalini-Unterricht erlebte ich dann wieder etwas Unerwartetes. Ich spürte, wie sich in mir etwas öffnen wollte und plötzlich geschah es: mein Herzchakra öffnete sich. Es war ein überwältigendes Gefühl, begleitet von Tränen, die unaufhaltsam über meine Wangen liefen. Ich wollte sie auch nicht aufhalten, ließ sie frei fließen. In diesem Moment der emotionalen Öffnung fühlte ich mich unglaublich verletzlich und gleichzeitig stark. Es war, als würde ich ein tiefes inneres Wissen freisetzen, eine Verbindung zu einem Teil von mir, der lange verborgen war.

Hitze, Sehnsucht und Tränen der Meditation

Heute war es unglaublich heiß, was den Tag zu einer echten Herausforderung machte. In der Philosophie-Stunde fand ich kaum eine bequeme Sitzposition und ehrlich gesagt, war der Unterricht heute eher langweilig. Ich fühlte mich unruhig und abgelenkt, meine Gedanken schweiften immer wieder ab.

Nach dem Mittagessen gönnte ich mir eine kleine Auszeit und legte mich hin. Die Hitze machte mir zu schaffen und ich spürte, wie mein Körper und Geist nach einer kurzen Ruhephase verlangten. Trotz der drückenden Wärme gelang es mir, für eine Weile einzuschlafen. Ein Telefonat mit meiner Freundin war wieder ein Highlight des Tages. Es tat so gut, ihre Stimme zu hören und sich auszutauschen. Diese Momente der Verbindung waren wie Oasen in der Hitze des Tages. In der letzten Stunde, einer Meditationssitzung, hatte ich wieder meine üblichen Schwierigkeiten, dem sehr schnell sprechenden Lehrer zu folgen. Ich warf einen Blick auf meine Mitstreiter und sah in ihren Gesichtern ähnliche Verwirrung. Aber dann, inmitten dieser Herausforderung, passierte etwas Wunderbares: Aus meinem rechten Auge begannen Tränen zu fließen. Es war eine stille, aber intensive emotionale Erfahrung, die mich tief berührte. Nach dem Abendessen telefonierte ich noch mit meiner Tante und zu Hause, was den Tag schön abrundete. Trotz leichter Kopfschmerzen legte ich mich schlafen und dachte: „Nur noch acht Tage." Diese Erkenntnis war mit einer Mischung aus Vorfreude und Wehmut verbunden – der Countdown für das Ende dieser einzigartigen Reise hatte begonnen.

Nächster Tag: Vom Morgengrauen bis zum stürmischen Abend

Schon um 03:32 Uhr morgens war ich wach und startete überraschend fit in den neuen Tag. Doch nach der zweiten Stunde fühlte ich mich etwas benommen. Ein kurzes Powernapping in der Pause gab mir die nötige Energie zurück, sodass ich in der Mittagspause frisch und munter meinen Weg hinunter zum Ganges antrat. Endlich wollte ich die T-Shirts kaufen, die ich schon so lange im Auge hatte.

Dort entdeckte ich ein wunderschönes, himmelblaues Armband aus Silber. Der Verkäufer meinte, es würde perfekt zu meinen Augen passen – ein kleines, aber feines Kompliment, das mich schmunzeln ließ. Doch auf dem Rückweg fing es an, wie aus Eimern zu gießen. Durch den Regen sah ich aus, als hätte ich mich im Schlamm gewälzt, also duschte ich schnell, bevor die letzte Meditationsstunde begann. Wegen des lauten Regens konnten wir kaum etwas hören und zogen eine Etage höher. Es brachte allerdings nicht viel mehr Verständlichkeit. Aber dann, während einer einfachen Meditationstechnik, brachen alle Dämme bei mir. Tränen strömten unaufhaltsam und meine Mitstreiterin neben mir hörte es sogar und nahm kurz meine Hand. Sie spürte, dass ich die Emotionen zuließ und es mir trotzdem irgendwie gut ging.

Mir war schon vor der Meditationsstunde leicht übel und ich verzichtete auf das Abendessen. Auf meinem Zimmer angekommen, wurde mir zunehmend schlechter. Ich quälte mich, bis ich schließlich erbrechen musste. Draußen waren die anderen noch wach und ziemlich laut. Es war schon spät und so schrieb ich etwas in unseren Gruppenchat.

Nächster Tag: Eine höllische Nacht und Gemeinschaftsgefühl

Die vergangene Nacht war schlichtweg die Hölle. Mein ganzer Körper schmerzte, die Übelkeit war mein ständiger Begleiter und ich musste mich mehrfach übergeben. „Das ist's jetzt wohl", dachte ich mir ironisch, „entweder es ist das Ende, oder meine inneren Dämonen haben beschlossen, eine Auszugsparty zu feiern."

Nach dieser quälenden Nacht konnte ich einfach nicht aufstehen. Ich griff zu meinem Handy und schrieb in unser Gruppenchat. Was dann folgte, war einfach rührend. Alle kümmerten sich so liebevoll um mich – sowohl im Chat als auch real. Es klopfte an meiner Tür und hinter ihr standen besorgte Gesichter.

In diesem Moment, weit weg von der Heimat, die Sprache nur bruchstückhaft sprechend, fühlte ich mich dennoch unglaublich geborgen. Es war, als hätte ich eine zweite Familie gefunden, eine Gemeinschaft, die sich in schwierigen Zeiten zusammenfindet. „Wer braucht schon perfektes Hindi, wenn man solche Freunde hat?", dachte ich mir mit einem schwachen Lächeln, dankbar für die Unterstützung und das Mitgefühl, das mir entgegengebracht wurde.

Die Apfel-Rettungsaktion und die Freude des Wiedersehens

Nachdem ich mich einigermaßen von der höllischen Nacht erholt hatte, wurde mir ein Apfel aufs Zimmer gebracht. „Ein Apfel am Tag vertreibt den Arzt", dachte ich mir und mümmelte dankbar daran herum, als wäre es das köstlichste Mahl der Welt. Langsam berappelte ich mich, zumindest körperlich. Ich trank meinen „heißen Sieben"-Trank, als hinge mein Leben davon ab. Mein Kopf schmerzte zwar noch immer – was für ein Kampf da wohl in meinem Körper stattgefunden hatte? – aber ich fühlte mich schon ein bisschen besser.
Als ich mich dann endlich zu meinen Mitstreitern gesellte, war die Freude groß, besonders bei meinem Anatomie- und Kundalini-Lehrer. Er freute sich so sehr über mein Erscheinen, dass es fast ansteckend war. „Ich dachte schon, du kämpfst in deinem Zimmer gegen Drachen", scherzte einer meiner Mitstreiter. Die liebevollen Worte meines Lehrers waren wie Balsam für meine Seele.

Omg that's for your courage for feeling. To be quiet ... I was so annoyed also 😆
01:08

I'm so sorry honey - please let me know if I can help and need anything . Rest well and here ❤️
04:2

❤️

I'll leave a sache for hydration ... outside our room 🙏
04:3

04:37

🙏

05:04

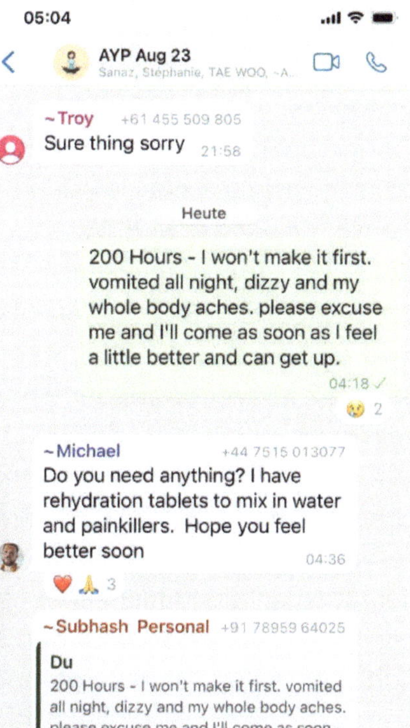

Zum Mittagessen gab es wieder einen Apfel, mein neuer bester Freund in dieser Zeit der Reinigung. Danach legte ich mich für einen Mittagsschlaf hin, in der Hoffnung, dass der Schlaf weitere Wunder wirken würde.

Lernsessions und tiefgründige Reflexionen

Am Nachmittag setzte ich mich mit meinem disziplinierten Mitstreiter aus Südkorea zum Lernen zusammen. Er war eifrig dabei, sich durch das Englisch zu kämpfen, während ich mir etwas schummelnd den Translator zur Hilfe nahm. „Man muss ja nicht immer den harten Weg gehen", dachte ich mir schmunzelnd, denn einige hatte ich ja bereits schon. Zum Abendessen gab's dann wieder – Trommelwirbel – einen Apfel!, den ich extra bestellte. Der Tag verging schnell und ich war nicht unglücklich darüber. Jetzt waren es nur noch sechs Tage – kaum zu glauben, wie schnell die Zeit hier vergeht. In diesen Tagen hier habe ich so viele Informationen und Erlebnisse gesammelt, dass es für zwei Leben reichen würde. Fragen über Fragen, unendliche Möglichkeiten. Was ist wirklich wichtig – oder wie ich es gerne nenne: „not-wenig", wo die Not gewendet wird. Was tut mir gut? Was berührt mein Herz? Was macht mir Spaß? Worin gehe ich auf? Wie gestalte ich meinen Tag, meine Freizeit? Was brauche ich wirklich? Und wie verhalte ich mich, wenn ich aus einer Situation heraus möchte? Mir wurde wieder einmal klar, wie einfach das Leben sein kann, wenn man sich an grundlegende Lebensprinzipien hält. Viele Menschen sind krank, weil sie ihre eigenen Grenzen nicht kennen, weil sie verlernt haben zu kommunizieren, weil sie unbewusst leben, im Hamsterrad gefangen sind und nicht im Einklang mit ihrem Herzen leben. Fremdenergien finden nur dort einen Nährboden, wo Schwachstellen, Stress und Unbewusstheit herrschen. Dieser Tag in Rishikesh war ein weiterer Schritt auf meinem Weg, das Leben in seiner ganzen Tiefe und Einfachheit zu verstehen.

Nächster Tag: Auf dem Weg der Besserung und Herausforderungen annehmen

Nach einer halbwegs guten Nacht fühlte ich mich schon etwas besser, auch wenn ich noch nicht ganz auf der Höhe war. In der ersten Stunde des Tages gab ich alles. Diese Stunde tat mir einfach unglaublich gut und ich spürte, wie wichtig es ist, manchmal über seine eigenen Grenzen zu gehen, um dem Körper neue Kraft und Energie zu schenken. Es ist eine feine Balance und wer sich und seinen Körper wirklich kennt, der weiß, wann und wie er sie erreichen kann.

Für die bevorstehende Prüfung in Hatha Yoga stand ich vor der Aufgabe, 20 Minuten Unterricht zu geben – und das natürlich auf Englisch. Eine Herausforderung, der ich mich mit gemischten Gefühlen, aber auch mit einer gewissen Entschlossenheit stellte.

„20 Minuten Ruhm oder Desaster – mal sehen, was das Schicksal für mich bereithält", dachte ich mir mit einem ironischen Grinsen. In der Nasenspülungsstunde gab ich wieder Vollgas. Ich fühlte mich danach, als hätte ich gerade ein Wellness-Wochenende hinter mir – nur schneller und effektiver. Beim "Rubber"-Teil verzichtete ich erneut. „Einmal Übelkeit reicht, danke", sagte ich mir. „Ich bevorzuge meine Yoga-Praxis ohne Würgereflex."

Nachmittag in Rishikesh: Stadterkundungen und emotionale Telefonate

Der Nachmittag war ein willkommener Tapetenwechsel. Gemeinsam mit zwei Mitstreitern schlenderte ich durch die charmanten Gassen der Stadt. Jede Ecke in Rishikesh hatte ihre eigene, faszinierende Geschichte zu erzählen. Wir besuchten das TAT Café, ein echtes Highlight. Dort oben hatten wir einen atemberaubenden Blick auf den Ganga – ein Anblick, der einfach zum Träumen einlud. Wir machten Fotos, die diesen Moment festhielten, ein perfektes Andenken an diesen besonderen Ort.

Doch der Tag nahm eine unerwartete Wendung, als ich mit meinem Mann telefonierte. Plötzlich fanden wir uns mitten in einem heftigen Streit wieder. Ich konnte es einfach nicht fassen. Doch in diesem Gespräch spürte ich eine Kluft zwischen uns, die weit mehr zu sein schien als nur die physische Distanz. Normalerweise bin ich jemand, der geradeheraus und klar kommuniziert. Mein Kind hat immer gesagt: „Mama, bei dir weiß man immer, woran man ist." Vielleicht ist in der Vergangenheit doch zu viel passiert? Hatte ich mich durch meine Zeit hier zu sehr verändert? Diese Konfrontation ließ mich nachdenklich zurück. Trotz dieses emotional aufwühlenden Gesprächs fühlte ich mich hier in Rishikesh wohl, klar und kraftvoll – selbst mit den Herausforderungen, die mir begegneten. Es war, als hätte ich einen Teil von mir entdeckt, der stärker und authentischer war als je zuvor. Inmitten dieser Gedanken und Gefühle fühlte ich mich in Rishikesh mental kraftvoll und voller neuer innerer Weisheiten und Möglichkeiten, auch wenn dieser Streit meine innere Ruhe erschütterte. Es war, als würde ich durch diesen Konflikt einen tieferen Teil meiner selbst entdecken – einen Teil, der für Authentizität, Kraft, Wissen und Möglichkeiten stand.

Missverständnisse, Stockflecken und Heimkehrvorfreude
Der Morgen begann mit einer Sprachnachricht von meiner Freundin, die sich als herrliches Missverständnis entpuppte. „Na super, das sorgt doch gleich für Lacher am Morgen", dachte ich mir. Es ist doch immer wieder erstaunlich, wie kleine Missverständnisse durch ehrliche Kommunikation so herrlich aufgelöst werden können. "Ehrlichkeit ist halt doch der beste Klammerentferner für Missverständnisse", murmelte ich. Heute fühlte ich mich völlig entspannt, fast schon „calming". Innerlich war ich ganz anders drauf als sonst, fast schon zen-mäßig.

Allerdings warf ich dann einen Blick auf meine Klamotten und meinen Koffer und stellte fest, dass sich Stockflecken breitgemacht hatten. „Na toll, da freut sich die Waschmaschine zu Hause", dachte ich mir mit einem Augenrollen. Als ich hörte, dass zu Hause tolles Wetter war, spürte ich, wie ein klitzekleines bisschen Neid in mir hochkroch. „Ich bin ja kein neidischer Mensch, aber ein bisschen Sonne hätte ich auch gern genossen", gestand ich mir zu. In einer Woche würde ich wieder zu Hause sein. Was nehme ich mit von dieser Reise? Das ganz Spezielle blieb mir bisher verborgen, oder ich konnte es noch nicht sehen. Aber neues Wissen habe ich gesammelt und altes wieder aktiviert. „Die letzten Tage bleiben spannend", dachte ich mir. Für morgen, Sonntag, war noch nichts geplant. Naja, außer natürlich die Prüfungsvorbereitungen. „Ein Sonntag im Zeichen des Lernens – mal was ganz Neues", sagte ich mir ironisch und lächelte bei dem Gedanken an den bevorstehenden Tag.

Nächster Tag: Morgendliches Konzert und der Sprung ins Neue

"Ausschlafen" hatte ich mir vorgenommen, aber um 3 Uhr morgens war schon wieder Schluss. Dank des Hundegebell-Konzerts und der Kuh-Musik-Combo fragte ich mich, ob ich aus Versehen Tickets für ein Tierkonzert gebucht hatte. „Nächstes Mal bitte ich um eine andere Band", scherzte ich im Halbschlaf. Da ich nun schon wach war, nutzte ich die Zeit für eine ausgiebige Meditation, etwas, das ich auf meinen Reisen immer wieder geübt und perfektioniert hatte. Es war erstaunlich, wie man in völliger Stille und Dunkelheit so lebendige und farbenfrohe Bilder erleben kann. In meiner Meditation stand ich an einem Abgrund, aber alles fühlte sich positiv an. Vor mir breitete sich Dunkelheit aus, hinter mir eine satinierte Glastür, die die Vergangenheit symbolisierte.

Sie war fest verschlossen und ich verspürte nicht den geringsten Drang, einen Blick zurückzuwerfen. „Die Vergangenheit ist passé", dachte ich mir und spürte eine tiefe Zufriedenheit. Dann machte ich den entscheidenden Schritt – ich sprang. Es war magisch, dieses warme, großartige Gefühl, das mich umgab. Es war unbeschreiblich und real zugleich, als würde ich in ein neues Leben eintauchen, mein neues Leben. Oder war es sogar noch mehr – eine neue Welt für alle?
In dieser neuen Welt spürte ich Liebe, Herzenswärme, Erfolg und eine unglaubliche Leichtigkeit. „Das ist es also, der Beginn von etwas Neuem", dachte ich mir, während ich aus meiner Meditation zurückkehrte, erfüllt von einer aufregenden Vorfreude auf das, was noch kommen mag.

Gemütliche Stunden und berührende Gespräche
Den heutigen Tag ließ ich ganz entspannt angehen. Wir saßen draußen im Flur und warteten auf das Frühstück. Wirklich hungrig war ich nicht, aber die Gesellschaft war angenehm. Nach dem Frühstück hatte ich ein wundervolles Gespräch – und das auf Deutsch! Es war so erfrischend, wieder in meiner Muttersprache zu sprechen. Sie erzählte mir, wie sehr unser kurzes Gespräch vor einigen Tagen sie berührt, motiviert und fasziniert hatte. Ich hatte bei ihr eine kleine Hypnose durchgeführt und sie fühlte sich danach fantastisch. Später schlenderte ich alleine zum Markt. Ich genoss die Unabhängigkeit und kaufte ein paar Kleinigkeiten, bevor ich erneut zum TAT Café ging. Der Blick auf den Ganga von dort oben war jedes Mal aufs Neue beeindruckend. Als ich zurückkehrte, ging ich mit einer Mitstreiterin zum Chinesen. Dort waren wir bereits letzten Sonntag mit ein paar Leuten gewesen, denn sonntags gab es in der Schule nur Frühstück. Wir schlemmten so viel, dass wir uns danach noch einmal zum Markt aufmachten.

Der Rückweg in der Hitze und Abenddämmerung war
anstrengend, aber die vollgefutterten Bäuche machten es zu
einer lustigen Herausforderung. Den Tag krönte ich mit einer
weiteren Massage. Diese Auszeit tat mir unglaublich gut und
war die perfekte Abrundung eines entspannten Tages.

Strahlende Ausgelassenheit und Telepathie mit dem Hund
Heute fühlte ich mich einfach großartig – glücklich, frei und
voller Lebensfreude. Ich schickte einer Freundin, mit der ich
eine Weile eine "Freundschaftspause", eine "freundschaftliche
Auszeit" erlebte, ein Video, denn sie fragte, wie es mir so
ergeht. Ihre Antwort berührte mich zutiefst. Sie bemerkte, wie
anders meine Stimme klang, wie entspannt und fröhlich ich
aussah. „Ja, das neue Ich – ausgeglichen und voller Energie",
dachte ich mir und lächelte. War es so: Neues Ich, 1.0
Upgrade! oder war es mehr... ein Lächeln huschte über mein
Gesicht. Von zu Hause kam heute kein Lebenszeichen, aber
das war okay. Ich schwebte auf meiner eigenen kleinen
Glückswolke und ließ mich nicht beirren. Ich vertiefte mich
noch in etwas Lernstoff, als plötzlich der Hund unaufhörlich
sein nächtliches Konzert begann – um 21:15 Uhr! Mein Tag
hatte ja bereits um 3 Uhr begonnen.
„Wie wäre es mit einer kleinen telepathischen Unterhaltung,
lieber Hund?", überlegte ich augenzwinkernd. „Können wir uns
auf ein Ständchen bei Tageslicht einigen?", schickte ich meine
Gedanken in seine Richtung, während ich mir ein Schmunzeln
nicht verkneifen konnte. Der Tag war ein wahres Feuerwerk
der Fröhlichkeit. Jedes Lachen, jede Begegnung fühlte sich an
wie ein kleiner Sieg des Glücks über die Alltäglichkeiten des
Lebens.

Nächster Tag: Unerwartete Herausforderungen und Triumph

Punkt Mitternacht war ich wach, umgeben von einer unruhigen Stille, die etwas Aufregendes in der Luft erahnen ließ. Überraschenderweise wurde ich heute Morgen gleich in der ersten Stunde aufgerufen, meine Unterrichtseinheit zu präsentieren. Eigentlich hatte ich damit gar nicht gerechnet, aber seltsamerweise spürte ich keine Spur von Nervosität. Nachdem ich meine Session beendet hatte, nahm ich mir einen Moment, um in mich zu gehen und das Erlebte zu reflektieren. „Ich denke, es lief ganz okay", murmelte ich, während ich auf mein inneres Echo hörte.

Doch dann kam das Feedback: Der Lehrer lobte mich für meinen ausgezeichneten Unterricht und meine Mitstreiter schwärmten von meiner angenehmen Stimme und meiner starken Präsenz. „Na, wer würde sich über solche Komplimente nicht freuen?" Mir wurde klar, dass meine jahrelange Erfahrung als Aerobicinstruktorin mir in diesem Moment zugutekam. Ich hatte unzählige Kurse gegeben, die immer sehr beliebt waren. Diese Erfahrungen hatten mich gestärkt und mir ein Fundament an Selbstsicherheit und Präsenz gegeben, das ich jetzt in Rishikesh voll ausschöpfen konnte. Es war, als hätte sich all die harte Arbeit und Leidenschaft, die ich in meine früheren Kurse gesteckt hatte, in diesen Momenten ausgezahlt. Ich spürte eine tiefe Zufriedenheit und ein wachsendes Selbstvertrauen – ein Gefühl, das jeden frühen Morgen und jede Herausforderung wert war.

Großartige Wesen und humorvolle Philosophiestunden
Im Kundalini-Unterricht erlebte ich heute etwas wirklich Kurioses: Ich fühlte mich plötzlich riesengroß, umgeben von Wesen. „Jetzt dreh ich wohl völlig durch", dachte ich mir lachend. Aber irgendwie war es auch eine faszinierende Erfahrung, die mir noch lange im Gedächtnis bleiben würde. Nach dieser intensiven Stunde war ich total erschöpft und nutzte meine kurze Pause für ein Nickerchen. Ich schlief so tief und fest, dass ich mich regelrecht aus einem anderen Universum zurückholen musste, als es weiterging.
Die Philosophiestunde quälte ich mich durch, obwohl ich zugeben muss, dass der Lehrer es immer wieder schaffte, mich mit seinen Denkanstößen zu überraschen – und er hatte wirklich einen witzigen Dreh drauf.

Wir Mädels mussten immer kichern, wenn er über Männer und Frauen sprach, die Finger zusammenbrachte und dabei schnalzte – seine Art, das Küssen zu symbolisieren. Seine „Yes or Not"-Fragen und der dazugehörige Blick waren einfach zu amüsant. Zwischen den Pausen versuchte ich weiter zu lesen und zu lernen. „Wenn das Buch doch nur auf Deutsch wäre", seufzte ich. Die letzte Meditationsstunde des Tages war wieder einmal beeindruckend. Ich hatte das Gefühl, als ob ein Teil meiner Seele zu mir zurückkehrte. Mein südkoreanischer Mitstreiter erzählte mir, dass er im Kundalini-Buch gelesen hatte, dass man weniger Hunger hat, wenn sich die Kundalini-Energie öffnet. „Interessant, wie aufmerksam und einfühlsam die Menschen hier sind", dachte ich mir. Es beeindruckte mich sehr, wie sehr wir alle in den gemeinsamen Erlebnissen aufgingen. Lag es an unseren gemeinsamen Zielen und Interessen, oder war da noch etwas anderes im Spiel?

Stadtbummel und die Herausforderung des Lärms

Zum Mittagessen gab es wieder einen Apfel. Frisch und einfach – genau das, was mir momentan guttat. Doch am Abend war niemand mehr in der Küche, um mir einen weiteren Apfel zu besorgen und ehrlich gesagt, hatte ich auch nicht wirklich Hunger. Also beschloss ich, mit einer Mitstreiterin kurz in die Stadt zu gehen, um im Organic Shop Bio-Haarfarbe zu kaufen.

Der Ausflug erwies sich jedoch als kleine Herausforderung. Der Lärm, das Hupen, die vielen Kühe – all das war etwas überwältigend. Und dann war da noch meine Mitstreiterin, die eher gemächlich ging und redete wie ein Wasserfall. Ich fühlte mich wie ein plätschernder Fluss neben einem reißenden Strom. Ständig gab sie mir gut gemeinte Ratschläge, was ich tun oder lassen sollte. Irgendwann musste ich mich von ihr verabschieden und ging in meinem eigenen Tempo weiter.

„Manchmal ist es einfach zu viel", dachte ich mir. Meine Sinne hatten sich während meines Aufenthalts in Rishikesh geschärft und ich entwickelte eine andere Sensibilität. Das laute Treiben der Stadt abends war eine echte Herausforderung für mich. Ich hatte ab und zu mit Video telefoniert oder kurze Videos aufgenommen, um meine Eindrücke mit Freunden und Familie zu teilen. Oft hörte ich von ihnen: „Oh Gott, wie hältst du diesen Lärm nur aus?" Ich musste schmunzeln. „Man gewöhnt sich an vieles", antwortete ich dann, „aber manchmal ist es auch für mich eine echte Geduldsprobe."

Nächster Tag: Energieflaute und die mysteriöse Uhrzeit
Heute fühlte ich mich, als wäre mir jemand mit einem riesigen Energiesauger gefolgt. Jede Bewegung war mühsam, als hätte jemand heimlich den „Energie-Aus"-Knopf gedrückt. Die Stunden zogen sich wie Kaugummi und selbst meine sonst so kooperativen Mitstreiter schienen heute nicht in Stimmung für das übliche harmonische Aufgabenverteilen zu sein. „Hat hier jemand schlechte Laune im Tee serviert?", witzelte ich, um die Stimmung etwas aufzulockern.
Nach der Kundalini-Stunde musste ich mich nochmal hinlegen. Mein Körper und Geist streikten. Als der Wecker klingelte, ignorierte ich ihn erstmal. Doch dann – ein plötzlicher Schreckmoment! Ich schoss aus dem Bett, blickte auf die Uhr: 11:59 Uhr. „Verdammt, ich bin spät dran!", dachte ich und stürmte in den Unterrichtsraum – nur um festzustellen, dass keiner da war.
Verwirrt kehrte ich zurück und stellte fest: Es war erst kurz nach halb 12. „Habe ich jetzt die Zeit manipuliert oder was ist hier los?", fragte ich mich kopfschüttelnd. Hatte ich in einer Art halbwachen Traumzustand die Uhrzeit missinterpretiert? Oder spielte mir mein müder Geist einen Streich? Egal was es war, ich musste grinsen.

„Zeitreisen in Rishikesh – das gibt's wohl auch nur hier", sagte ich mir und nahm den kuriosen Vorfall mit Humor.

Rückzug und innere Bilanz

Der heutige Tag fühlte sich an wie eine Achterbahn der Emotionen. Ich kam durch den Tag, zog mich aber mehr zurück, da mir alles ein wenig zu viel wurde. Trotzdem spürte ich, dass ich mich körperlich ziemlich gut fühlte. Es war, als ob sich in mir viel bewegt hatte, sowohl mental als auch körperlich. Mit Meditation und meinem inzwischen fast schon traditionellen Apfel zum Abendessen ließ ich den Tag langsam ausklingen. „Meine Futterlucke hat momentan nur Augen für Äpfel", schmunzelte ich, während ich den frischen Apfel genoss. Obwohl ich die Suppen sehr liebte und ich mir dazu immer noch die leckere Spicy grüne Chilisauce untermischte. Zwischen den Ruhephasen nutzte ich die Zeit, um für die anstehende Prüfung zu lernen. Ein Telefonat mit meinem Mann zu Hause nutzte ich, um meine Prüfung laut zu sprechen. Er war überrascht und doch beeindruckt, wie fließend und selbstbewusst ich meine Prüfung auf Englisch übte.

Regenbetrachtungen und Sehnsucht nach Sonne

Während ich aus dem Fenster schaute, beobachtete ich den Regen, der unaufhörlich vom Himmel fiel. Es war ein beruhigender Anblick, doch er weckte auch Erinnerungen in mir. Ich dachte zurück an die Tage, als der Regen so heftig war, dass er in die Räume eindrang und die Treppen in kleine Bäche verwandelte. Diese Momente hatten etwas Surreales, fast wie eine Szene aus einem Film.

In solchen Augenblicken sehnte ich mich nach der Sonne und meiner geliebten Ostsee. Ich erinnerte mich an die warmen Sonnenstrahlen auf meiner Haut und das beruhigende Rauschen des Meeres. Es war ein starker Kontrast zu den regnerischen Tagen hier in Rishikesh.

„Wie unterschiedlich doch die Welten sein können", dachte ich
mir. Einerseits die kraftvolle Ruhe der Ostsee und andererseits
die lebendige, manchmal chaotische Energie von Rishikesh.
Beide Orte hatten ihre eigene Magie, ihre eigenen
Herausforderungen und Schönheiten. Der Regen brachte mich
zum Nachdenken, zur Besinnung. Er erinnerte mich daran, wie
vielfältig und überraschend das Leben sein kann und wie
wichtig es ist, jeden Moment zu schätzen, egal ob im
Sonnenschein oder unter Regenwolken.
Obwohl ich irgendwie nicht mehr müde war, beschloss ich,
das Licht auszuschalten. Es war bereits 21:30 Uhr und mein
Körper brauchte seine Ruhe, auch wenn mein Geist noch
wach war. „Hier dreht sich wirklich alles ein bisschen anders",
dachte ich mir, während ich mich ins Bett legte und mich auf
die letzten Tage meiner Reise in Rishikesh freute.

Nächster Tag: Frühaufsteherglück und Prüfungsstolz
Heute Morgen erwachte ich vor dem Wecker und konnte es
kaum glauben – ich fühlte mich tatsächlich ausgeschlafen!
„Na, wenn das kein kleines Wunder ist", dachte ich mir
schmunzelnd. In Rishikesh erlebte ich wirklich jede
erdenkliche Facette des Lebens, von schlaflosen Nächten bis
hin zu diesem kleinen Geschenk des Ausschlafens. Natürlich
kribbelte es ein bisschen im Bauch, denn heute standen
Prüfungen an. Wer wäre da nicht aufgeregt? „Prüfungen – die
kleinen Abenteuer des Lebens", sagte ich mir, um die
Nervosität mit Humor zu nehmen. Ich gab mein Bestes und als
ich fertig war, fühlte ich eine Welle des Glücks und des Stolzes
über mich hinwegrollen. Es war mehr als nur das Bestehen
einer Prüfung – es war die Bestätigung, dass ich mehrfach
meine Komfortzone verlassen und mich mutig neuen
Herausforderungen gestellt hatte. „Sieh mal einer an, wer hier
über sich hinauswächst", dachte ich mir zufrieden und lächelte
bei dem Gedanken an all die kleinen und großen Siege, die
ich hier in Rishikesh bereits gefeiert hatte.

Es war, als hätte ich eine Schatztruhe voller Erfahrungen und neuer Erkenntnisse geöffnet. Jede Prüfung, jeder Tag hier war ein weiterer kostbarer Edelstein in dieser Sammlung. Mit diesem Gefühl von Stolz und Erfüllung ging ich durch den Tag, bereit, mich den nächsten Abenteuern zu stellen.

Apfel-Frühstück und emotionale Momente
Zum Frühstück gab es wieder einen Apfel, und wer hätte das gedacht, dazu selbstgemachte Kartoffelchips mit Salz. Salz, Salz, Salz... wie in der Wüste - endlich das Wasser, stürzte ich mich hier auf die Kartoffelchips mit Salz, als wäre es das Festmahl des Jahres.
Jeder Bissen war ein Genuss und ich lächelte...
Die zwei Stunden Anatomie und Kundalini vergingen wie im Flug. Aber nach der Kundalini-Stunde passierte etwas Unerwartetes:
Der Lehrer fand bewegende Worte für mich und meinen südkoreanischen Mitstreiter.
Tränen liefen mir über die Wangen. Er umarmte uns dann beide und in diesem Moment fühlte ich eine tiefe Verbundenheit und Dankbarkeit. Dann kam mein Mitstreiter auf mich zu und bedankte sich mit herzergreifenden Worten bei mir. Seine Worte verstärkten nur eins - „Vielleicht habe ich doch das viele Regenwasser aufgenommen", scherzte ich innerlich, während die Tränen wie ein Bächlein über meine Wagen liefen. Es war ein Moment voller Emotionen und tiefer menschlicher Verbindungen. Ich spürte, wie sehr diese Reise mich verändert hatte, wie sehr ich gewachsen war, nicht nur in meinem Yoga-Wissen, sondern auch in meinem Herzen und meiner Seele.

Meine praktische Prüfung

Ich bin voll in meinem Element

GOOD VIBES ONLY

Mittagsschlaf und das mysteriöse Verschwinden des Wissens

Nach einem schmackhaften Mittagessen, das endlich mal mehr als nur ein Apfel war, legte ich mich für ein kleines Schläfchen hin. „Ein Nickerchen schadet nie", dachte ich mir, „vor allem nicht, wenn man danach den Kopf voller Weisheiten packen will." Aber beim Lernen danach fühlte ich mich, als hätte jemand ein Brett vor meinen Kopf genagelt. Oder war es vielleicht ein unsichtbarer Yoga-Zauber, der mein Wissen lieber in Freiheit entlassen wollte? „Vielleicht sollte ich dem Wissen einen Regenschirm geben, damit es nicht wegschwimmt", überlegte ich grinsend. Es war, als ob mein Gehirn sich an den regnerischen Tagen hier in Rishikesh orientierte und beschloss, alles Wissen wie in einem kleinen Bach davonschwimmen zu lassen. „Hochwasser im Gehirn", lachte ich, „hoffentlich gibt's bald wieder Sonnenschein da oben." Oder hat mein Gehirn beschlossen, sich mit dem Wissen in den Regen von Rishikesh zu stürzen und davon zuschwimmen. Denn ich wusste auch nicht mehr was ich lernen soll.

Kleine Missgeschicke und unerwartete Lektionen

Während meiner Verschnaufpause betrachtete ich mich im Spiegel und bemerkte, dass ich auch diese kleinen Bisse am Körper hatte, genau wie meine Mitstreiter. „Ein Souvenir von Rishikeshs Mücken", dachte ich mir und wunderte mich, dass es mir bis jetzt gar nicht aufgefallen war. Heute Morgen war der Strom komplett ausgefallen. Es regnete wieder nicht nur aus Eimern, sondern schüttete wie aus Kübeln. Nach dem Kundaliniunterricht dehnte ich mich noch etwas im Raum, da mein Zimmer ohne Ventilator einer Sauna glich.
Während ich so meine Muskeln streckte und entspannte, griff ich nach meinem Handy – und dann passierte es: Das Handy rutschte mir aus der Hand und traf mich genau auf das Nasenbein.

„Autsch", entfuhr es mir, als ich realisierte, dass ich blutete. „Das war ja mal ein echter Facepalm-Moment", dachte ich mir mit einem schmerzhaften Lächeln. Was sollte mir dieses Missgeschick sagen? „Vielleicht sollte ich mir merken: Immer nur eine Sache auf einmal machen und dabei ganz bei der Sache bleiben", überlegte ich, während ich das Blut wegwischte. Es war eine etwas schmerzhafte, aber dennoch wertvolle Lektion in Achtsamkeit – und ein weiterer unvergesslicher Moment meiner Reise in Rishikesh.

Verirrt im Lernlabyrinth
Mein erneuter Versuch, mich aufs Lernen zu konzentrieren, war wie eine Wanderung in der Wüste – nur ohne Karte. Mein Geist schien einfach nicht mitspielen zu wollen. Ich fand mich ständig in den Weiten meiner Gedanken verloren und konnte den Fokus einfach nicht halten. „Vielleicht ist mein Gehirn schon im Urlaubsmodus", dachte ich mir schmunzelnd. Innerlich hatte ich mich vielleicht schon auf die bevorstehende Verabschiedung eingestellt. Die Erinnerung an die letzten Wochen war wie ein bunter Film, der in meinem Kopf ablief. Aber ich wollte meine Zeit hier nicht als vergeblich abtun, auch wenn ich kein „Zertifikatjäger" bin. „Manche Leute tapezieren ihre Wände mit Zertifikaten, als ob sie damit ihre Lebenserfahrung messen könnten", überlegte ich belustigt. Was zählt am Ende wirklich?

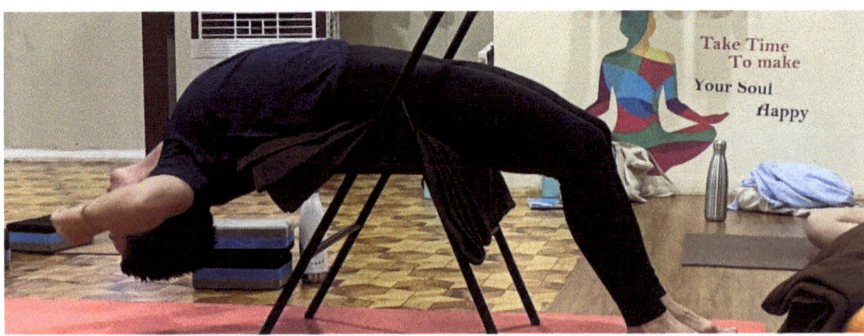

Die Tiefe des Erlebten oder die Anzahl der Papiere an der Wand? Ich beschloss, mich nicht unter Druck zu setzen. Die Erfahrungen, die ich in diesen vier Wochen gesammelt hatte, waren mehr wert als jedes Zertifikat. Mit einem Lächeln kehrte ich zu meinen Büchern zurück. „Okay, Hirn, lass uns noch einmal eine kleine Expedition in die Welt des Wissens unternehmen", sagte ich mir aufmunternd und schlug die nächste Seite auf.

Vorfreude auf den Abschluss und letzte Vorbereitungen

Während ich da saß, ließ ich die vergangenen Wochen Revue passieren. Auf den Kundalini- und Chakrengebiet waren so viele unglaubliche Dinge passiert, die kaum in Worte zu fassen sind. „Wie erkläre ich das nur jemandem, der das nicht selbst erlebt hat?", dachte ich mir. Auch die Meditationen hatten so tiefe Eindrücke hinterlassen, dass es schwerfiel, sie zu beschreiben. Die vier Wochen hier waren eine Achterbahn der Emotionen und Erfahrungen. „Ein echtes Abenteuer", sagte ich mir und spürte eine Mischung aus Wehmut und Vorfreude auf den letzten Tag. Ich ging den morgigen Tag noch einmal durch: 06:30 bis 08:00 Uhr stand die schriftliche Prüfung an. „Das wird ein knackiger Start in den Tag", dachte ich mir mit einem Lächeln. Um 11:30 Uhr würde dann die Abschlusszeremonie stattfinden – ein Moment, auf den ich einerseits hin fieberte, andererseits aber auch ein bisschen melancholisch war. Nach der Zeremonie würde ich meinen Koffer packen müssen. Und als krönenden Abschluss hatte ich von 17:00 bis 19:30 Uhr eine Massage geplant. „Das wird das Sahnehäubchen auf diesen intensiven vier Wochen", freute ich mich. Der Gedanke an den bevorstehenden Tag ließ mein Herz schneller schlagen. Es war ein Gefühl des Abschieds, aber auch der Dankbarkeit für all die wunderbaren Erfahrungen und Begegnungen.

In dieser vorletzten Nacht in Rishikesh, umgeben von der beruhigenden Stille und dem geheimnisvollen Flüstern der Natur, fand ich in der Dunkelheit Klarheit und Dankbarkeit. Ich reflektierte über die Reise, die ich angetreten hatte – eine Reise der inneren Entdeckung und des äußeren Abenteuers, geprägt von unvergesslichen Begegnungen und tiefgreifenden Einsichten, die sich nun wie leuchtende Sterne am Himmel meines Bewusstseins zeigten und mir zeigen, wie weit ich gekommen war und wie viel Raum noch für neues Wachstum und neue Erlebnisse offenstand.

Nächster Tag: Herausforderung schriftliche Prüfung
Kurz nach 3 Uhr morgens war ich bereits wach, ein Bündel aus Nervosität und Vorfreude. In der Stille der frühen Morgenstunden meditierte ich, stellte mir positive Dinge vor und ließ meinen Träumen freien Lauf, bevor ich mich für die schriftliche Prüfung vorbereitete. Mit einem Gefühl, das irgendwo zwischen Aufregung und Unsicherheit lag, machte ich mich auf den Weg. Als jemand, der immer eher praktisch veranlagt war, empfand ich das bevorstehende schriftliche Format als echte Herausforderung, selbst in meiner Muttersprache. Die Prüfungsfragen, die vor mir lagen, waren eine Offenbarung – und leider keine angenehme. Selbst nach dem Übersetzen mit dem Translator konnte ich mein Erstaunen nicht verbergen. „Das kann doch nicht wahr sein", dachte ich. „Kann das wirklich das Ende meiner vier Wochen hier sein?"
Mit dem Gefühl, dass selbst ein Schwein, das in ein Uhrwerk schaut, klüger und amüsierter aussah als ich in diesem Moment, kämpfte ich mich durch die Fragen. Eine Frage über die neun Stufen der indischen Schulphilosophie brachte mich ins Schwitzen. „Haben wir das wirklich besprochen, oder haben sie das jetzt aus dem Hut gezaubert?", fragte ich mich.

Ich bemerkte, wie einige meiner Mitstreiter ihre Prüfungen
bereits abgaben, während ich noch grübelte. Doch ich
versuchte, bei mir zu bleiben, konzentrierte mich und gab mein
Bestes, um jede Frage so gut wie möglich zu beantworten.

Prüfungsabgabe und ein Moment des Zweifels

Der Moment war gekommen, meinen Prüfungszettel
abzugeben. Als ehemalige Leistungssportlerin und einst gute
Schülerin und fast 50-jährig, fühlte ich mich nicht gerade wohl
in meiner Haut. Mein Lieblingslehrer, der mir gerade erst für
meine praktische Prüfung ein großartiges Lob ausgesprochen
hatte, stand nun vor mir. Mit gesenktem Kopf gab ich zu: „Is
not sooo good. So sorry." Seine Antwort war verständnisvoll
und herzlich. Er erklärte, dass er die
Übersetzungsschwierigkeiten nachvollziehen könne und ich
ruhig auf Deutsch hätte schreiben können – sie hätten dann
einen Übersetzer genommen. Ich musste schmunzeln, obwohl
ich mir nicht sicher war, ob meine Antworten in meiner
Muttersprache besser ausgefallen wären. Während ich meine
Schreibsachen zusammenräumte, kam er noch einmal zu mir.
„Du hast eine fantastische praktische Prüfung abgelegt", sagte
er, „und darauf kommt es an. Es geht darum, die Menschen im
praktischen Unterricht wirklich mitzunehmen und daran
erkennt man dein theoretisches Wissen."
Seine Worte waren zwar tröstend, beruhigten mich aber nicht
vollständig in diesem Moment. „Das hat wohl mehr mit mir
selbst zu tun", dachte ich nachdenklich. In diesem Moment
erkannte ich, dass es nicht immer um Perfektion geht, sondern
um die Fähigkeit, Menschen zu erreichen und zu inspirieren –
eine Fähigkeit, die weit über das hinausgeht, was auf Papier
geschrieben steht.

Kaffee-Genuss und Vorbereitungen zur Zeremonie

Dann zum Frühstück hatte ich nicht wirklich Appetit. Es ist wohl tatsächlich noch die ganze Anspannung.

Ich beschloss, mit einer Mitstreiterin einen kleinen Spaziergang zu machen, um einen Kaffee zu genießen. Es war der erste Espresso nach vier langen Wochen – ein kleiner Luxus, den ich in vollen Zügen genoss.

Wieder zurück, begann ich, mich auf die Abschlusszeremonie vorzubereiten. Ich zog mein weißes Kleid an und machte mich hübsch. Als ich in den Spiegel schaute, erkannte ich, wie gut meine Entscheidung war, den „Friseur" trotz seines bescheidenen Werkzeugs zu besuchen. Das Ergebnis war überraschend gut und brachte mich zum Lächeln. „Manchmal ist weniger tatsächlich mehr", dachte ich mir.

Diese Erkenntnis war eine weitere wertvolle Lektion meiner Reise: Vertraue deinem Bauchgefühl und achte nicht zu sehr darauf, was andere zum Arbeiten nutzen. Erkenne stattdessen das wahre Talent und die Fähigkeiten hinter allem. Es war eine klare Botschaft, die ich in mein Herz schloss und mit nach Hause nehmen würde. Mit einem Gefühl der Erwartung und Dankbarkeit schritt ich zur Zeremonie, bereit, diesen besonderen Moment zu erleben und gleichzeitig Abschied von dieser unglaublichen Reise zu nehmen.

Abschlusszeremonie: Ein eindrucksvoller Abschied-Ein Meer aus Gefühlen und sinnlichen Eindrücken

Die Abschlusszeremonie in Rishikesh war ein intensives Erlebnis, das sich tief in mein Gedächtnis eingebrannt hat. Die Atmosphäre war erfüllt von einer ruhigen, aber kraftvollen Energie, die mich sofort in ihren Bann zog. Jedes Ritual, jede Bewegung hatte eine Bedeutung, die über das Sichtbare hinausging. Es war faszinierend zu beobachten, wie alte Traditionen und moderne Einflüsse zu einem harmonischen Ganzen verschmolzen.

Habe ich bestanden???

Die Musik war nicht einfach nur ein Hintergrundgeräusch, sondern spielte eine zentrale Rolle in der Zeremonie. Die Klänge waren mal sanft und beruhigend, mal kraftvoll und lebendig und schufen eine Atmosphäre, die zugleich erhebend und erdend wirkte. In diesem Rahmen von Klängen, Düften und Ritualen fühlte ich eine tiefe Verbundenheit mit meinen Mitstreitern. Wir hatten gemeinsam Höhen und Tiefen erlebt und waren nun hier, um diesen Lebensabschnitt gemeinsam abzuschließen. Es war ein Moment des Innehaltens, des Rückblicks und der Anerkennung des Weges, den jeder von uns zurückgelegt hatte.

Tränen, Tanz und Zertifikate

Während der Zeremonie konnte ich nicht anders, als immer wieder heimlich die Tränen wegzutupfen. Dann kam unser Tanz – ein Wirbelwind aus Energie, Emotionen und Gelächter. Wir bewegten uns im Rhythmus der Musik, als gäbe es kein Morgen. Ich spürte jede Vibration, jedes Klangerlebnis und es fühlte sich an, als ob jede Zelle meines Körpers mitschwingen würde.

Spaßiger Stadtbummel und Ganga-Trip mit Bemalung

Nach der Zeremonie, noch immer mit unserer feierlichen Bemalung „verziert", zog es mich und meine Mitstreiterin noch einmal in die Stadt und zum Ganges. „Wetten, die Leute denken, wir kommen von einer verrückten Kostümparty?", lachte ich, als wir an den verwunderten Blicken der Einheimischen vorbeischlenderten. Als wir am Ganges ankamen, schaute ich mich noch einmal genau um. Ich wollte jeden Winkel, jedes Geräusch und jeden Geruch in mich aufnehmen. Dann beschlossen wir, unsere Füße ins Wasser zu halten. „Vorsicht, gleich lade ich meine Superkräfte auf!", rief ich spaßeshalber, als ich meine Zehen in die Fluten tauchte. Ich blickte nachdenklich auf das fließende Wasser. „Wenn der Ganges jetzt magische Kräfte verteilt, nehme ich eine Extraportion", sagte ich grinsend. Da standen wir also, mit unseren bunten Bemalungen, die Füße im heiligen Wasser und ich konnte nicht anders, als zu lachen. „Stell dir vor, wir könnten jetzt über das Wasser laufen oder zumindest ein bisschen schweben", scherzte ich. Ich genoss den Moment, die kühle Erfrischung des Wassers und die Idee, dass wir vielleicht ein wenig von der Kraft und den positiven Schwingungen des Flusses mitnehmen könnten. „Wer braucht schon Souvenirs, wenn man den Ganges als Energiequelle hat?", sagte ich lachend. Dieser kurze Ausflug war eine perfekte Mischung aus Humor, Besinnlichkeit und dem einzigartigen Charme von Rishikesh – ein weiterer unvergesslicher Moment auf dieser bemerkenswerten Reise.

Ein prägender Moment: Die Massage als krönender Abschluss

Nach den intensiven vier Wochen und der erfüllten Zeit der Zeremonie stand nun meine Massage an – ein Moment, den ich als wichtigen Abschluss meiner Reise in Rishikesh ansah. Es war 17 Uhr und als ich den kleinen Raum betrat, der zugleich Wohn- und Massagebereich des Masseurs war, spürte ich sofort, dass dieser Moment etwas Besonderes sein würde. Der Raum war einfach, doch in seiner Einfachheit lag eine tiefe Ruhe. Ich legte mich in Bauchlage hin, angezogen in meinem leichten Yoga-Dress, der sich perfekt für das warme Klima eignete. Der Masseur, der überraschend gut und verständlich Englisch sprach, begann mit meinem Rücken. Die ersten Berührungen waren wie das Aufschlagen eines Buches, in dem jede Seite eine Geschichte meines Körpers erzählte. Ich spürte ein tiefes „Wow" in mir – eine Mischung aus Erstaunen und Erleichterung. Mit jeder bearbeiteten Stelle fühlte ich, wie mein Körper aufatmete und sich entspannte. Die Kraft seiner Hände war beeindruckend. Sie arbeiteten an Punkten, die ich zuvor kaum wahrgenommen hatte und mit jeder Bewegung schien er eine tiefere Schicht meines Seins zu erreichen. Es war mehr als nur eine Massage; es war eine Reise durch die Landschaft meines Körpers, durch Spannungen und Entspannung, durch Druck und Linderung. Während ich dort lag, flossen Gedanken an die bestandenen Prüfungen und die Anerkennung für meine praktische Prüfung in mir zusammen. Es war, als würde ich mit jeder Minute der Massage nicht nur körperliche, sondern auch emotionale Lasten loslassen. Eine tiefgreifende Erleichterung breitete sich in mir aus, eine stille Feier dessen, was ich erreicht hatte – und eine sanfte Vorbereitung auf das, was noch kommen mag. Was als eine gewöhnliche Massage begann, verwandelte sich in einen Moment, der sich tief in mein Gedächtnis einprägte.

Nachdem ich mich auf den Rücken legte, nahm der Masseur meinen Kopf in seine Hände und plötzlich geschah etwas Unerwartetes, etwas Unvergessliches. Ich verlor das Gefühl für meinen physischen Körper; es war, als ob er nur noch meine Seele hielt. Dies war keine einfache Massage mehr, es war etwas viel Größeres, etwas, das sich jeder Kategorie entzog – es war eine Art Heilung, die ich noch nie zuvor erlebt hatte.

Auch der Masseur schien zu spüren, dass dies ein außergewöhnlicher Moment war. Er legte meinen Kopf ganz sanft zurück auf die Liege und musste sich selbst einen Moment sammeln. Dann drehte er meinen Kopf zur linken Seite und offenbarte, dass mein Halschakra noch etwas verschlossen sei. „Woher weiß er das?", fragte ich mich erstaunt, denn genau das hatte ich auch während der Yoga-Sitzungen gespürt.

Dann geschah etwas Magisches. Mit sanften, aber gezielten Bewegungen begann er, mein Halschakra zu öffnen. Es war eine unglaubliche Erfahrung, durchdrungen von einer tiefen, fast himmlischen Energie. Tränen flossen über meine Wangen, aber es waren keine gewöhnlichen Tränen. Es waren Tränen der Freisetzung, der Erleichterung und des Staunens.

Plötzlich schnappte mein rechtes Bein nach oben, als wäre es von einer unsichtbaren Kraft bewegt worden und fiel dann wieder sanft auf die Massageliege zurück. Es war, als ob mein Körper auf eine höhere Ebene der Existenz reagierte, als würde er auf eine Weise kommunizieren, die weit über das Physische hinausging. Dieser Moment war wahrhaft himmlisch und ein klares Zeichen dafür, dass ich genau dort war, wo ich sein sollte. Während der Massage an meinen Armen offenbarte sich eine tiefe Sehnsucht in mir: Ich spürte den Wunsch, nur noch Gutes zu tun.

Diese Empfindung erinnerte mich stark an eine Meditationserfahrung, bei der ich eine ähnliche emotionale Öffnung erlebte. Es war, als ob sich mir eine innere Tür öffnete, hinter der sich die Erkenntnis verbarg, wie wichtig es ist, sich selbst gut zu behandeln – "be-HAND-eln", dachte ich mir und lächelte über das Wortspiel, das sich in diesem Moment offenbarte.

Als der Masseur zu meinen Beinen und Füßen überging, verstärkte sich dieses Gefühl. Ich wollte fortan nur noch Wege beschreiten, die meinem Herzen Freude bereiten, nur noch dort sein, wo ich mich wahrhaftig gut fühle. Diese Massage war mehr als einzigartig, sie war eine Reise tief in mein Innerstes. Während diesen Momenten der Massage erklärte der Masseur mir, dass ich eine hohe spirituelle Anbindung hätte – eine Einsicht, die genau das widerspiegelte, was mir auch mein Astro-Guide gesagt hatte. Diese Worte während der Massage verstärkten mein Gefühl, auf dem richtigen Pfad zu sein. Sie bestätigten die tiefen Einsichten, die ich bereits gespürt hatte und gaben mir ein starkes Gefühl der Bestätigung und Klarheit. Die Massage war somit nicht nur eine körperliche, sondern auch eine seelische Erfahrung, die mir zeigte, wie eng mein physisches und spirituelles Wohlbefinden miteinander verbunden sind. Ich entschied, den Abend allein zu verbringen und mich später von meinen Mitstreitern zu verabschieden. „Heute Abend gehöre ich ganz mir", dachte ich und spürte eine tiefe Dankbarkeit für diesen Moment der Stille und Selbstreflexion. Ich ließ die Ereignisse des Tages Revue passieren und spürte, wie jeder Teil der Massage nicht nur meinen Körper, sondern auch meine Seele berührt hatte. Nachdem ich die Massagepraxis verließ, fühlte ich mich, als hätte ich eine tiefere Ebene meines Selbst berührt.

Diese Erfahrung war nicht nur eine Neuprogrammierung meines Körpers, sondern auch meiner Seele. In den Händen des Masseurs hatte ich eine Verbindung gespürt, die weit über das Körperliche hinausging – eine Verbindung, die meine Gedanken an die Worte meines Astro-Guides und die tiefgründigen Momente meiner Reise zurückführte.
Die Massage war ein kraftvoller Abschluss einer Reise voller bedeutungsvoller Begegnungen und tiefgreifender Erkenntnisse. Sie symbolisierte nicht nur die Heilung und Entspannung meines Körpers, sondern auch die Öffnung und Stärkung meines inneren Selbst. Es war, als hätte ich durch die Berührungen eine Art Neuprogrammierung erfahren, die mir half, meine Gedanken und Gefühle neu zu ordnen und zu verstehen. Diese Reise hatte mich gelehrt, auf die Stimme meines Herzens zu hören und meinen Weg mit Mut und Vertrauen zu gehen. Jede Erfahrung, jeder Moment der Stille, jeder Austausch hatte dazu beigetragen, mich zu formen und zu leiten. Ich erkannte, dass jeder Schritt, jede Entscheidung, die ich auf dieser Reise getroffen hatte, mich zu dieser tiefen Erkenntnis geführt hatte. Während ich in meinen Gedanken versunken war, spürte ich eine tiefe Dankbarkeit für all die Erfahrungen und Begegnungen, die mich auf diesem Weg begleitet hatten. Ich war neugierig und gespannt darauf, was die Zukunft noch für mich bereithielt und fühlte mich bereit, den nächsten Schritt auf meiner fortlaufenden Reise zu machen.

"Abschied von Rishikesh: Eine Nacht voller Reflexion und der Aufbruch in ein neues Kapitel"

In meiner letzten Nacht in Rishikesh lag ich wach, umgeben von einer Mischung aus Gefühlen und Gedanken, die sich nicht in Worte fassen ließen. Was ich in dieser Massage erlebt hatte, wirkte nach – es war, als hätte sich ein neues Kapitel in meinem Leben aufgetan, voller Möglichkeiten und tiefgreifender Einsichten. Dass der Masseur, obwohl er eigentlich keine Zeit hatte, mir diesen Abschluss ermöglichte, verstärkte nur mein Gefühl, dass nichts in diesem Universum zufällig geschieht.

Ich fand kaum Schlaf, gerade mal eine Stunde, bevor ich durch das unermüdliche Bellen eines Hundes geweckt wurde. Es wirkte fast, als würde auch er sich von mir verabschieden wollen. Ich lag dort, halb wach, halb träumend, bis der Wecker das Ende meiner Reise in Rishikesh ankündigte. Trotz meiner Müdigkeit und innerer Aufruhr, fühlte ich mich bereit für die Heimkehr. Mein Tee blieb unberührt, als das Taxi früher als erwartet vor der Tür stand und sich dann etwas Hetze und Eile ausbreitete.

Frühe Fahrt zum Flughafen: Eine Reise im Halbschlaf

In der Dunkelheit der frühen Morgenstunden begann unsere Fahrt zum Flughafen, umhüllt von einer fast greifbaren Stille. Die Ermüdung der letzten Tage und die emotionalen Höhepunkte meiner Zeit in Rishikesh hingen noch immer in mir, als würde ich sie in jedem Atemzug spüren.

Als ich meine Tür für die letzte Abreise öffnete, fand ich ein Geschenk von einer Mitstreiterin: Perlen der Chakren und einen liebevoll geschriebenen Brief. Jede Perle, ein Symbol der Chakren, erinnerte mich an unsere gemeinsamen spirituellen Erfahrungen in Rishikesh. Der Brief, gefüllt mit herzlichen Worten, war eine Erinnerung an die tiefen Verbindungen, die wir auf dieser Reise geknüpft hatten. Ich hielt die Perlen in der Hand und las den Brief im Taxi zum Flughafen. In diesem kleinen, aber bedeutungsvollen Geschenk spiegelten sich die Lektionen und das Wachstum wider, die wir gemeinsam erlebt hatten. Es war ein berührender Abschluss meiner Zeit in Rishikesh, ein Symbol der Dankbarkeit und Verbundenheit, das mich auf meinem weiteren Weg begleiten würde. In dieser frühen Stunde fühlte sich die Welt um uns herum still und fast unwirklich an. Der Fahrer manövrierte das Taxi geschickt durch die noch leeren Straßen. Zwischendurch schloss ich immer wieder die Augen, überwältigt von Müdigkeit und den Nachwirkungen der tiefen Erlebnisse der vergangenen Tage. Jedes Mal, wenn ich kurz eindöste und wieder erwachte, schien es, als hätte ich nur einen Augenblick geschlossen und doch verstrichen Stunden. Nur war diese Fahrt erheblich schneller. Ich war überrascht, als das Taxi bereits um 8 Uhr morgens am Flughafen hielt. Als ich aus dem Taxi stieg, noch immer in den Gedanken meiner Erlebnisse verloren und realisierte, dass ein Kapitel meiner Reise sich nun dem Ende zuneigte. Doch in mir trug ich die Erkenntnisse und Erfahrungen, die mich für immer prägen würden.

Ein mitreißender Abschluss am Flughafen

Am Flughafen angekommen, erwartete mich gleich die nächste Herausforderung: Einer meiner Koffer war zu schwer. Doch erstaunlicherweise lief alles wie am Schnürchen. Ich packte um und irgendwie funktionierte alles reibungslos und mühelos, als ob das Universum mir den Rücken stärkte. Nachdem ich mein Gepäckproblem gelöst hatte, gönnte ich mir ein kleines Shopping-Erlebnis. Ich entdeckte zwei unglaublich stylische Sommer-Schuhe – etwas, das ich nie erwartet hätte, in Indien zu kaufen. Die Verkäufer waren so aufmerksam, dass sie mir die Schuhe sogar anprobierten. Ich fühlte mich wie Aschenputtel, nur dass mein Märchen in der farbenfrohen Welt Indiens spielte. Dann zog es mich in ein Café. Dort bestellte ich ein Omelett, aber es war so üppig, dass ich es nicht ganz schaffte. Während ich da saß, umgeben von der geschäftigen Atmosphäre des Flughafens, dachte ich über meine Reise nach. Jeder Moment, jedes Erlebnis in Rishikesh schien wie ein lebendiges Bild vor meinen Augen vorbeizuziehen. Es war, als würde ich ein Buch zuklappen, das mich auf eine unvergessliche Reise mitgenommen hatte. Doch ich wusste, dass dies nur das Ende eines Kapitels war. Ein neues Kapitel wartete darauf, von mir geschrieben zu werden, mit all den Erinnerungen und Erfahrungen, die ich aus Rishikesh mitbrachte. Es war ein Abschluss, der Neugierde und Vorfreude auf das weckte, was noch kommen mag.

Die aufregende Heimreise: Eine Flugzeug-Odyssee

Mein Rückflug startete mit einer Herausforderung: Eine Verspätung von mehr als einer Stunde. Zum Glück blieb der Mittelsitz neben mir leer, was mir etwas mehr Raum zum Ausbreiten gab. Doch die Ruhe währte nicht lange. Schon bald füllte sich das Flugzeug mit dem Lärm von zwei wetteifernden Babys, deren Schreie sich durch die Kabine zogen. Ich hatte gehofft, dass sich die Lage beruhigen würde, als das Kabinenlicht abgedunkelt wurde und ich mich nach etwas Schlaf sehnte.

Schließlich war ich fast 24 Stunden wach gewesen. Doch stattdessen wurde es noch lauter. Einige Kinder fingen an, sich bemerkbar zu machen und eines schrie in kurzen, schrillen Tönen. Ich hörte einen deutschen Passagier hinter mir etwas verärgert murmeln und fühlte mich in meiner Erschöpfung ihm seelenverwandt. Mein Geduldsfaden riss. Ich stand auf, suchte den kleinen Schreihals und seine Mutter auf. „Das ist verrückt, das ist nicht normal. Ihr seid hier nicht alleine", sagte ich laut und deutlich auf englisch sagend. Die Mutter blickte amüsiert und der kleine Hosenscheißer so ca. 3 Jahre blickte mich mit großen Augen an. Für einen Moment fühlte ich mich schlecht wegen meiner Direktheit, aber dann kehrte endlich Ruhe ein. In den letzten anderthalb Stunden der Reise kehrte eine gewisse Stille ein, die zumindest meinem Gehörgang eine dringend benötigte Erholung verschaffte. Diese letzte Etappe meiner Reise war wie ein Spiegelbild der gesamten Erfahrung: intensiv, unerwartet und voller Überraschungen, aber auch eine Erinnerung daran, dass manchmal ein wenig Durchsetzungsvermögen nötig ist, um Ruhe zu finden.

Turbulente Momente: Chaos und Hoffnung in Frankfurt
Meine Ankunft in Frankfurt war der Beginn eines neuen, unerwarteten Abenteuers. Kaum hatte ich das Flugzeug verlassen, wurde ich aufgefordert, mich schnell zum nächsten Gate zu begeben. Doch als ich dort ankam, erfuhr ich, dass mein Weiterflug nach Berlin bereits ohne mich abgeflogen war. Verwirrt und ein wenig atemlos von meinem Sprint durch den Flughafen, konnte ich nur ungläubig den Kopf schütteln. Die Situation im Terminal war chaotisch. Menschenmassen wogten durch die Halle und ich sah mich einer endlos erscheinenden Warteschlange gegenüber. Resigniert stellte ich mich an, während mir ein Mitarbeiter bestätigte, dass dies der einzige Weg sei.

Hinter mir unterhielten sich zwei russische Frauen, die
offenbar schon seit drei Tagen in diesem Durcheinander
feststeckten – ein Schicksal, das ich um jeden Preis
vermeiden wollte. In Gedanken versunken erinnerte ich mich
an die Nachrichten über Überschwemmungen in Frankfurt vor
über einer Woche. „Kann das immer noch Auswirkungen
haben?", fragte ich mich. Ich hoffte inständig auf ein Wunder,
auf irgendeine Lösung aus diesem Chaos. Plötzlich vibrierte
mein Handy. Es war eine Mail von Air India mit neuen Tickets
für meinen Weiterflug. Erleichtert machte ich mich auf den
Weg zum angegebenen Gate. Doch auch dort erwartete mich
eine weitere Herausforderung: Der Herr am Schalter teilte mir
mit, dass unser Flug – falls er überhaupt stattfinden würde –
ebenfalls verspätet sein würde. Inmitten des Trubels und der
Ungewissheit hielt ich inne. Diese unvorhergesehenen
Hindernisse auf meiner Rückreise waren wie eine letzte
Prüfung meiner Geduld und Ausdauer. Doch nach allem, was
ich in Rishikesh erlebt hatte, wusste ich, dass ich auch diese
Herausforderung meistern würde. Mit einem tiefen Atemzug
bereitete ich mich auf das nächste Kapitel dieses unerwarteten
Flughafenabenteuers vor.

**Unerwartete Wendungen: Ein Flughafenabenteuer in
Frankfurt**

Inmitten des Chaos am Frankfurter Flughafen griff ich zum
Telefon, um meinen Mann zu informieren, der bereits in Berlin
auf mich wartete. „Leg dich ins Auto und schlaf etwas", sagte
ich ihm, „ich komme später als geplant." Meine Stimme
schwankte zwischen Resignation und einem Hauch von Ironie
– wer hätte gedacht, dass meine Reise so enden würde?

Als dann endlich die Durchsage kam, dass das Boarding bald beginnen würde, schickte ich meinem Mann schnell eine Nachricht. Ich wollte ihn nicht anrufen, falls er tatsächlich eingeschlafen war. Doch kaum hatte ich die Nachricht abgeschickt, folgte schon die nächste überraschende Wendung: „Liebe Fluggäste, heute entfallen alle weiteren Flüge. Bitte begeben Sie sich ins Terminal A, um sich dort einen Hotel-Voucher zu holen." Ich starrte auf mein Handy und löschte hastig die Nachricht, die ich gerade an meinen Mann gesendet hatte. „So viel zum Thema Boarding", murmelte ich kopfschüttelnd. In diesem Moment fühlte ich mich, als wäre ich Teil einer absurden Komödie, die das Leben für mich inszeniert hatte. Ich rief meinen Mann dann natürlich an und teilte ihm die Sachlage mit. Er wollte sich weiter auf die Fahrt begeben, um mich von Frankfurt abzuholen. Das empfand ich als sehr unpassend und ich spürte, dass es eine andere Lösung gibt. Ich folgte der Menge ins Terminal A, immer noch ungläubig über die jüngsten Ereignisse. In meinem Kopf hallten die Worte wider: „Keine weiteren Flüge." Es war, als hätte das Universum beschlossen, mir eine zusätzliche Nacht in Deutschland zu schenken – ob ich wollte oder nicht. Während ich auf meinen Hotel-Voucher wartete, dachte ich über die unzähligen Wendungen nach, die diese Reise genommen hatte. Von den spirituellen Höhepunkten in Rishikesh bis zu diesem unerwarteten Aufenthalt in Frankfurt – es war eine Reise voller Überraschungen, die mich lehrte, das Unerwartete zu erwarten.

Eine dramatische Wende am Frankfurter Flughafen
Am Schalter des Frankfurter Flughafens, umringt von
erschöpften Reisenden und einem Meer aus Gepäckstücken,
wartete ich auf mein Schicksal. Die Dame am Schalter war
zwar hilfsbereit, aber meine Optionen waren düster. Ich
gehörte weder zu den bevorzugten Vielfliegern noch zur
Businessklasse. Das bedeutete: unbestimmte Wartezeit und
keine Garantie auf einen frühen Flug. Die Aussicht, vielleicht
erst am späten Nachmittag des nächsten Tages fliegen zu
können und das ohne Zugang zu meinem Gepäck, ließ mich
verzweifeln. In einer Ecke des Flughafens, umgeben von dem
Summen der Durchsagen und dem hektischen Treiben, saß
ich da, gefangen in einer Mischung aus Frustration,
Erschöpfung aber auch Energie. Die Hotels in der Umgebung
waren überfüllt mit gestrandeten Passagieren, die schon
tagelang auf eine Weiterreise warteten. Das war keine Option
für mich. Plötzlich, wie ein Blitz aus heiterem Himmel, kam mir
die rettende Idee: der Zug. Schnell suchte ich nach einer
Verbindung und buchte einen Zug nach Rostock. Ich
informierte meinen Mann, dass er nicht in Berlin auf mich
warten solle, sondern nach Hause fahren könne. Die
Unvorhersehbarkeit meiner Ankunftszeit machte jede Planung
zunichte. Mit gemischten Gefühlen vertrieb ich mir die Zeit bis
zur Abfahrt meines Zuges. Der Bahnhof war ein Spiegelbild
des Flughafens – überfüllt, chaotisch, ein Ort der Verzweiflung
und Hoffnung zugleich. Als mein Zug endlich eintraf, war er bis
zum Rand gefüllt. Zum Glück hatte ich eine
Sitzplatzreservierung, die mir in diesem Chaos einen kleinen
Flecken Sicherheit bietet. Während der Zugfahrt dachte ich
über die turbulente Odyssee der letzten Stunden nach.
Trotz der Müdigkeit und der Strapazen fühlte ich eine gewisse
Genugtuung.

Mehr als 30 Stunden wach

Wann bin ich wohl endlich zu Hause

Ich hatte mich durchgesetzt und meinen Weg gefunden. Diese Reise hatte mich an meine Grenzen gebracht, doch ich hatte mich nicht unterkriegen lassen.

Eine Zugfahrt voller Überraschungen: Humor und Hoffnung auf dem Heimweg

Unter meinem Schal, den ich mir in einer Mischung aus Erschöpfung und Verzweiflung über den Kopf gezogen hatte, lauschte ich den Gesprächen der Mitreisenden. „Wir haben schon über eine Stunde Verspätung", hörte ich jemanden sagen. „Eine Stunde?", dachte ich mir, „das muss ein Scherz sein." Doch als ich in Berlin ankam, waren es tatsächlich nur zwei Minuten Verspätung. Der Zug hatte die verlorene Zeit irgendwie wettgemacht. Gerade als ich dachte, ich könnte meinen Anschlusszug direkt erwischen, setzte sich dieser in Bewegung – genau in dem Moment, als ich ausstieg, auf dem gegenüberliegenden Gleis. „Nein!", entfuhr es mir laut. Ich fühlte mich, als wäre ich in einer schlechten Komödie gelandet. Tränen der Erschöpfung liefen mir über die Wangen, als ich meinen Mann anrief, der mittlerweile zu Hause war und dort ein paar Stunden schlafen konnte. Doch dann, wie ein Lichtblick inmitten des Chaos, hörte ich die Durchsage: „Der ICE nach Rostock hat 30 Minuten Verspätung." Ein kleines Wunder! Ich würde doch noch meinen richtigen Zug erwischen. Mit einem belegten Brot und einem Cappuccino vom Bäcker bewaffnet, setzte ich mich in den ICE, der mich endlich nach Hause bringen sollte. Während der Zug sich langsam in Bewegung setzte, spürte ich eine Mischung aus Freude, Erleichterung und einem Hauch von Belustigung über die absurden Wendungen der letzten Stunden. Was für eine Reise! Von den spirituellen Höhen Rishikeshs bis zu den turbulenten Wegen deutscher Bahnhöfe – es war ein Abenteuer, das ich so schnell nicht vergessen würde. Während die Landschaft an mir vorbeizog, dachte ich nach: Was für eine unglaubliche, lehrreiche und letztendlich erfüllende Reise dies war.

Heiteres Ende einer langen Reise

Endlich in Rostock angekommen, sagte ich zu meinem Mann mit einem müden Lächeln: „Naja, nur insgesamt 45 Minuten später als geplant." Er schaute mich verwirrt an und erwiderte: „Nein, du verwechselst da was. Du kommst nicht nur aus Berlin, sondern aus Indien – das sind 16 Stunden Verspätung!"

Ich hatte nur mein Handgepäck dabei, denn die Formalitäten für meine vermissten Koffer hatte ich bereits im Zug erledigt. Allerdings – typisch für meine Erschöpfung – hatte ich einen Zahlendreher eingebaut. Es schien, als wolle das Schicksal seine Prüfungen und Überraschungen bis zum Schluss nicht enden lassen. Mein Mann staunte nicht schlecht über meine Gelassenheit. Trotz der ganzen Verzögerungen, der verpassten Flüge und des chaotischen Transfers war ich erstaunlich entspannt. „Ich habe in Indien gelernt, mit dem Unvorhersehbaren umzugehen", sagte ich mit einem Augenzwinkern. Als wir nach Hause fuhren, konnte ich nicht anders, als über die ganze absurde Situation zu lachen. Wer hätte gedacht, dass eine spirituelle Reise nach Indien mit einer so turbulenten Rückkehr enden würde? Aber eines wusste ich sicher: Diese Reise hatte mich gelehrt, inmitten des Chaos Ruhe zu bewahren und die humorvolle Seite des Lebens zu sehen.

Heimkehr mit Überraschungen: Ein Tag voller Energie und Verwirrung

Als ich endlich zu Hause ankam, erwartete mich eine wundervolle Überraschung, die mich so aufputschte, dass an Schlaf nicht zu denken war, obwohl es bereits 11 Uhr morgens war. Das Wetter war herrlich und wir beschlossen spontan, den Nachmittag und Abend in Kühlungsborn zu verbringen, begleitet von guter Musik. Freunde trafen wir auch – ein perfekter Tag, könnte man meinen.

Aber irgendwie war ich noch nicht wirklich „angekommen". Mein Körper war zwar zu Hause, aber mein Geist schien noch irgendwo zwischen Indien und Deutschland zu schweben. Vielleicht tanzte er noch im Zug, vielleicht saß er noch im Flugzeug, oder er meditierte noch in Rishikesh. Es war, als wäre ich in mehrere Richtungen gleichzeitig gezogen.

Es war eine seltsame, aber irgendwie auch lustige Erfahrung. Ich lachte mit Freunden, tanzte zur Musik und genoss die Sonne, während ein Teil von mir noch in der Ferne war. Ich fühlte mich wie eine Reisende zwischen den Welten, nicht ganz hier und nicht ganz dort.

Es war ein Tag voller Energie und Verwirrung, ein Mix aus Müdigkeit und Aufregung. Die Heimkehr nach einer so intensiven Reise war wie der letzte Akt eines bunten, verrückten Theaterstücks. Ich war körperlich zu Hause, aber mein Abenteuergeist schien noch nicht bereit, sich ganz niederzulassen.

Mein Körper war hier, aber mein Herz und mein Geist waren noch auf einer Reise, die sie nicht so schnell loslassen wollten. Es war eine faszinierende Erfahrung, ein Zustand der Schwebe zwischen zwei Welten, der mich neugierig machte auf all das, was noch in mir schlummerte und darauf wartete, entdeckt zu werden.

Diese Heimkehr war mehr als nur eine Rückkehr – es war der Beginn einer neuen Reise, einer inneren Entdeckungstour, bei der ich Stück für Stück die Erlebnisse und Einsichten meiner Reise nach Indien in mein alltägliches Leben integrieren würde.

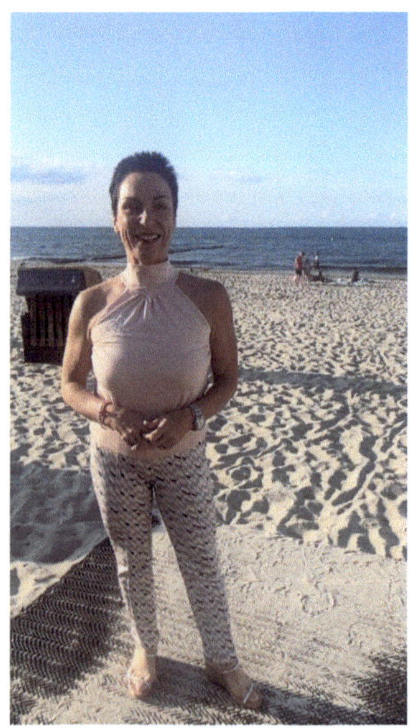

Eine Botschaft für die Leser: Auf dem Weg zur eigenen Kraft

Liebe Leserinnen und Leser,

auf dieser Reise, die ich mit Dir teile, möchte ich Dir etwas mitgeben, das tief in meinem Herzen widerhallt. Jeder von uns trägt eine unermessliche innere Kraft in sich, eine Kraft, die darauf wartet, entdeckt und entfaltet zu werden. Unsere Reise durch das Leben ist nicht immer einfach, oft ist sie herausfordernd und manchmal fühlt sie sich an wie ein Kampf gegen Windmühlen. Aber in jedem Schritt, in jeder Herausforderung liegt eine Chance zur Entdeckung unserer wahren Stärke.

Ich ermutige Dich, deinem Herzen zu folgen und jene Pfade zu beschreiten, die Dir Freude und Erfüllung bringt. Habe den Mut, alte Wege zu verlassen, wenn sie Dich nicht mehr voranbringen, und neue, unbekannte Wege zu erkunden. Es bedarf oft des Mutes, das Vertraute hinter sich zu lassen, aber genau in diesem Mut liegt das Geheimnis der wahren Selbstentfaltung.

Erinnere Dich daran, dass jede Erfahrung, sei sie gut oder herausfordernd, ein Geschenk ist, das Dir hilft, zu wachsen und sich weiterzuentwickeln. Nehme Dir die Zeit, in dich hineinzuhorchen, Deiner inneren Stimme zu lauschen und den sanften Flüstern Deiner Intuition zu folgen. Du weißt tief in Dir selbst am besten, welcher Weg der richtige für Dich ist.

Sei geduldig mit Dir selbst und erlaube Dir, in Deinem eigenen Tempo zu wachsen. Jeder Tag bringt neue Lektionen und Möglichkeiten mit sich. Nutze sie, um Deine innere Stärke zu kultivieren und Dein volles Potenzial zu entfalten.

Und schließlich, vergiss nie, dass Du nicht allein auf Deiner Reise bist. Wir sind alle miteinander verbunden und in dieser Verbindung liegt eine unglaubliche Kraft. Teile Deine Erfahrungen, unterstützen wir uns gegenseitig und ermutige Dich selbst, denn zusammen sind wir stärker.

In diesem Sinne wünsche ich Dir eine Reise voller Erkenntnisse, Freude und persönlicher Entfaltung. Glaube an Dich, bleibe neugierig und offen und Du wirst sehen, wie sich die Welt vor Dir entfaltet.

Bist du bereit, die Grenzen deiner Welt zu überschreiten und dich auf eine Reise zu begeben, die jede Vorstellung sprengt? Folge der Spur meines Abenteuers, die sich ins Herz Indiens und durch die Wirren des Lebens navigierte – eine Reise, die ebenso erheiternd wie tiefgründig war.